全面建设小康社会新金融系列丛书

农村金融:
金融发展与农民收入

许嘉扬◎著

中国金融出版社

责任编辑：王　君
责任校对：李俊英
责任印制：丁淮宾

图书在版编目（CIP）数据

农村金融：金融发展与农民收入/许嘉扬著. —北京：中国金融出版社，2021.7

（全面建设小康社会新金融系列丛书）

ISBN 978 - 7 - 5220 - 1337 - 4

Ⅰ.①农… Ⅱ.①许… Ⅲ.①农村金融—研究—中国②农民收入—收入增长—研究—中国　Ⅳ.①F832.35②F323.8

中国版本图书馆 CIP 数据核字（2021）第 190982 号

农村金融：金融发展与农民收入

NONGCUN JINRONG：JINRONG FAZHAN YU NONGMIN SHOURU

出版
发行 **中国金融出版社**

社址　北京市丰台区益泽路 2 号

市场开发部　（010）66024766，63805472，63439533（传真）

网 上 书 店　www.cfph.cn

　　　　　　（010）66024766，63372837（传真）

读者服务部　（010）66070833，62568380

邮编　100071

经销　新华书店

印刷　河北松源印刷有限公司

尺寸　169 毫米×239 毫米

印张　10

字数　150 千

版次　2022 年 1 月第 1 版

印次　2022 年 1 月第 1 次印刷

定价　45.00 元

ISBN 978 - 7 - 5220 - 1337 - 4

如出现印装错误本社负责调换　联系电话（010）63263947

序 言

　　新征程已经开启。习近平总书记在庆祝中国共产党成立100周年大会上庄严宣告："经过全党全国各族人民持续奋斗，我们实现了第一个百年奋斗目标，在中华大地上全面建成了小康社会，历史性地解决了绝对贫困问题，正在意气风发向着全面建成社会主义现代化强国的第二个百年奋斗目标迈进。"党的十九届五中全会通过了《中共中央关于制定国民经济和社会发展第十四个五年规划和二〇三五年远景目标的建议》，新发展阶段、新发展理念、新发展格局成为一条贯通全文的主线，也是指引我国在新征程上行稳致远的旗帜。

　　新时代呼唤新金融。改革开放以来，我国金融进入了发展的快车道，取得了长足的进步，完成了从量的扩张到质的飞跃的转变。随着经济转型和深化改革不断推进，金融业的发展逐步由规模的增长向效率的提升转变；由依托金融机构的发展向注重金融功能的发挥转变；由金融业态的丰富向注重金融生态的优化转变。进入新时代以来，随着国际国内形势的深刻变化，我国的金融发展又一次面临新的历史机遇，同时也面临一系列新的挑战。这些新机遇、新挑战，主要来自以下方面：一是经济发展方式的转变，高质量发展需要新的增长动力，科技和创新成为重要引擎；二是环境约束日益显著，推动可持续发展，践行"绿水青山就是金山银山"的理念不断深入人心；三是推进共同富裕成为共识，如何在奋进中共享发展成果成为激发活力的重要议题。这些新机遇、新挑战，应时代而生，不断演化，彼此交错，激发各界进行新思考和新探索。

　　新金融发展离不开理论与实践的探索。在这个进程中，浙江金融职业学院（以下简称浙金院）勇于探索实践，不断开拓创新，在金融发展以及推动经济高质量发展事业中树立了良好的声誉，发挥了积极作用，取得了

1

显著的成效。一方面，人才培养成效突出，建校以来为浙江、长三角地区乃至全国培养了 5 万余名各类金融相关人才，其中担任支行副行长及以上高级管理人员 5000 人左右；另一方面，科研和社会服务并驾齐驱，正成为推动浙金院实现新跨越的新动力。近年来，浙金院的学术研究团队在专业论文发表、学术专著出版、政府决策参考和行业发展咨询等领域取得了一系列成果，不少成果受到国家领导人和省领导的批示肯定。学校还建立了浙江省软科学重点研究基地（科技金融创新研究基地、服务浙江万亿金融产业协同创新中心、浙江地方金融研究中心）等组织，组织专职与兼职相结合的力量系统开展教学和研究工作，而本套丛书的撰写是浙金院科研和社会服务成果的新体现。

本套丛书由浙金院中青年学者撰写，共有《绿色金融：结构优化与绿色发展》《数字普惠金融：中国的创新与实践》《数字金融：智能与风险的平衡》《农村金融：金融发展与农民收入》《科技金融：金融促进科技创新》等 5 部著作。丛书回应了新时代的呼唤，彰显了新金融的特点，聚焦在科技金融、数字金融、绿色金融、普惠金融等当前金融理论和实践领域的重大问题、前沿问题。本套丛书具有鲜明的特点：既有理论研究，也有实践应用；既有历史回顾，也有前沿探索；既有国际视野，也有区域特色。

新的蓝图已经绘就，新的征程已经开启。希望以本套丛书的出版为平台和契机，进一步加强与各位师长、同仁、朋友的广泛交流，推动与金融理论与实践研究者、管理者和工作者的深入探讨，齐心协力，勠力前行，共同谱写新发展格局下金融发展事业的新篇章。

周建松

浙江金融职业学院党委书记

浙江地方金融发展研究中心主任　浙江省金融学会副会长

2021 年 10 月

前　　言

　　"三农"问题是关系到社会稳定和城乡统筹发展的重大问题，而提高农民收入是解决"三农"问题的关键。农民收入是农村经济发展水平和市场化程度的综合反映。影响农民收入的因素有很多，从长远来看，金融因素的作用会越来越突出。资金是经济发展的重要支撑，农民收入水平的提高离不开农村经济的发展，而农村经济的发展又离不开农村金融的支持。在我国农村资金大量外流、农民收入增长缓慢的情况下，更应该高度重视农村金融的支持作用，充分发挥其信贷杠杆作用。

　　近年来，随着农村体制改革的不断深入，政界和学界越来越重视农村金融在解决"三农"问题中的作用和地位。尤其是在实施乡村振兴战略的背景下，如何选择农村金融新一轮改革发展的突破口、怎么建立一个适应"三农"发展的农村金融服务体系，以及怎样实现农村金融发展与农民收入增长之间的良性互动等问题，还有待于进一步深入研究。

　　本书旨在从理论和实证两个方面研究农村金融发展在解决农民收入增长问题中的重要作用，从而进一步深化对农村金融与"三农"发展关系的认识。全书共包括六部分内容：第一部分，说明研究背景、研究思路与方法，以及可能的创新与不足之处；第二部分，对相关文献进行述评，为之后的研究提供充分的理论依据；第三部分，在农村金融发展与农民收入增长的制度背景下，对农村金融发展与农民收入增长的联系机制进行剖析，深入分析农户信贷约束的形成原因及破解途径；第四部分，对农村金融发展与农民收入的变迁过程及特征进行

1

描述，同时探讨了农村金融市场中农户的融资状况；第五部分，基于中国省级面板数据，首先利用固定效应估计法实证检验了农村金融发展对农民收入增长的影响，然后利用面板协整分析法进一步考察了农村金融发展与农民收入之间的长期均衡关系与短期调整过程，最后运用空间计量方法分析了农村金融发展对农民收入的空间溢出效应；第六部分，根据研究的基本结论，提出加强农村金融发展、支持农民增收的对策建议。

通过较为系统的分析，得到以下基本结论。第一，农民收入增长和构成所呈现出来的特征表明，农民收入问题的性质已经发生根本性改变；通过农村金融发展为完善农村市场经济体制、促进农业生产方式转变和打破城乡分割体制作出贡献，是农村金融支持农民收入增长的关键所在。第二，通过相关指标（农业贷款余额与农业增加值的比率、乡镇企业贷款余额与乡镇企业增加值的比率，以及农村居民贷款与纯收入的比率等）的比较分析，可以发现，农村金融中介功能在农业上的发挥呈现强化趋势，而在农村工业上的发挥却呈现弱化趋势；对农村居民而言，金融中介的储蓄运用功能非常微弱，农村正规金融体系的金融中介功能在很大程度上被非正规金融所替代。第三，农村金融市场中农户普遍面临着"融资困境"，而农村金融体系不完善是农户融资难的主要原因，这说明改革与创新现有农村金融体系对于改善农户的融资状况具有重要的现实意义。第四，基于中国省级面板数据的实证研究表明，农村金融发展对农民收入增长具有重要的影响，并且这种效应表现出一定的区域差异。

与以往的研究相比，本书的创新之处在于以下几个方面。（1）在研究视角上，考虑到中国经济与金融发展水平的区域不平衡性，将农村金融发展与农民收入问题的研究从全国和省级两个层面进行考察。（2）在研究内容上，一方面尝试构建一个基本的理论分析框架，在农户信用、技术创新、农村金融支持、农民收入增长之间建立内在联系机制；另一方面针对农民收入结构的特征，分别实证考察了农村金融发展对农民家庭经营纯收入及工资性收入的长期和短期影响效应。
（3）在研究方法上，基于省级面板数据，通过引入地区和时间虚拟变
量分析了农村金融发展对农民收入影响的区域差异和时间效应，尝试
使用面板协整分析法来考察农村金融发展与农民收入增长的动态关系，
并运用空间计量模型验证了农村金融发展对农民收入增长的空间溢出
效应，从而克服了现有文献在普通最小二乘法及传统时间序列分析法
上的局限性。总之，本书力求研究内容的系统全面、研究方法的科学
规范和研究结论的真实可靠。

作者

2021 年 6 月

目　　录

第一章　导论 ·· 1

第一节　研究背景 ·· 1

第二节　研究思路与方法 ·· 3

第三节　创新与不足之处 ·· 7

第二章　农村金融发展与农民收入关系的研究述评 ················· 10

第一节　农村金融与农民收入的一般理论 ······················· 10

第二节　农村金融发展对农民收入影响的主要观点 ·············· 16

第三节　农村金融发展与农民收入关系的经验证据 ·············· 19

第四节　本章小结 ··· 28

第三章　农村金融发展与农民收入关系的理论分析 ················· 29

第一节　农村金融发展与农民收入增长：制度背景 ············· 29

第二节　农村金融发展与农民收入增长的联系机制 ·············· 35

第三节　农村金融困境的成因及破解途径：农户信贷约束视角 ··· 40

第四节　本章小结 ··· 44

第四章　农村金融发展与农民收入的历史和现状分析 ·············· 45

第一节　农村金融发展概况 ·· 45

第二节　农户融资状况 ··· 62

第三节　农民收入水平的变迁过程 ································· 70

第四节　本章小结 ··· 86

第五章　农村金融发展与农民收入关系的实证分析 ················· 87

第一节　农村金融发展对农民收入的影响：固定效应估计 ······· 87

　　第二节　农村金融发展与农民收入关系的动态分析 …………… 99

　　第三节　农村金融发展对农民收入影响的空间面板计量分析 ……… 117

　　第四节　本章小结 ……………………………………………… 128

第六章　结论与对策建议 …………………………………………… 131

　　第一节　基本结论 ……………………………………………… 131

　　第二节　对策建议 ……………………………………………… 135

参考文献 ……………………………………………………………… 142

第一章　导　论

第一节　研究背景

研究背景

"三农"问题是关系到社会稳定和城乡统筹发展的重大问题，而提高农民收入是解决"三农"问题的关键。影响农民收入的因素有很多，从长远来看，金融因素的作用会越来越突出。农村金融是现代农村经济的核心，任何农村经济活动都必须有金融资本这根血脉做支撑。谢平（2001）指出，在经济市场化和货币化水平日益提高的今天，农业产业的发展、农村经济的增长和农民收入的提高都离不开金融的支持。中国农村金融改革的目标是建立一个能够满足"三农"发展的金融服务体系。

近年来，随着农村体制改革的不断深入，政界和学界越来越重视农村金融在解决"三农"问题中的作用和地位。尤其是在实施乡村振兴战略的背景下，如何选择农村金融新一轮改革发展的突破口、怎样建立一个适应"三农"发展的农村金融服务体系、怎么实现农村金融发展与农民收入之间的良性互动等问题，还有待于进一步的深入研究。具体而言，本研究的展开主要基于以下背景。

第一，从"十一五"规划纲要到"十四五"规划纲要，解决"三农"问题一直是我国重要的战略任务之一。"十一五"规划纲要明确提出建设社会主义新农村的重大历史任务，要求做好统筹城乡经济社会发展、促进农民持续增收、全面深化农村改革等方面的工作，为做好"三农"工作指明方向；"十二五"规划纲要进一步提出强农惠农、加快社会主义新农村建设的具体措施，要求加快发展现代农业、拓宽农民增收渠道、改善农村生产生活条件、完善农村发展体制机制；"十三五"规划纲要指出农业是全面建成小康社会和实现现代化的基础，要推进农业现代化，持续增加农民收入，创新农村金融服务；"十四五"规划纲要提出坚持优先发展农业农村，全面推进乡村振兴，提高农业经济质量效益和核心竞争力，实施乡村建设行动，健全城乡融合发展机制，实现巩固拓展脱贫攻坚成果同乡村振兴有效衔接。

第二，农民收入增长缓慢，是当前农业和农村经济发展所面临的最突出的问题。一方面，改革开放以来，农村居民人均可支配收入增长速度要低于城镇居民。1978—2019 年，农村居民家庭人均可支配收入从 133.6 元增长到 16020.7 元，年均增长仅为 378.3 元，年均增长率为 12.07%；而同期城镇居民家庭人均可支配收入由 343.4 元增长到 42358.8 元，年均增长 1000.4 元，年均增长率为 12.46%。另一方面，虽然从总体上看，农民收入有了大幅提高，但分阶段来看，农民收入增长速度却出现递减趋势。1978—1990 年，农民人均可支配收入年均增长率为 14.61%；1991—2000 年，农民人均可支配收入年均增长率为 12.77%；2001—2010 年，农民人均可支配收入年均增长率仅为 10.05%；2011—2019 年，农民人均可支配收入增长率为 8.97%，比前三个时期分别下降了 5.64%、3.80% 和 1.08%。[①]

第三，2004—2019 年，中央一号文件连续十六年都关注"三农"问题，并多次强调"加快农村金融体制改革和创新"的重要性。2004 年 1 月，中央针对农民收入增长缓慢的情况，下发《中共中央　国务院关于促进农民增加收入若干政策的意见》。该意见在"深化农村改革，为农民增收减负提供体制保障"中指出要"从农村实际和农民需要出发，按照有利于增加农户和企业贷款，有利于改善农村金融服务的要求，加快改革和创新农村金融体制。"2019 年的中央一号文件《中共中央　国务院关于坚持农业农村优先发展做好

---

① 年均增长率又称年复合增长率，其计算公式为 $\sqrt[n]{B/A}-1$，其中，A 为首年，B 为末年；数据根据《中国统计年鉴》（1979—2020 年）整理计算而得。

"三农"工作的若干意见》进一步指出,要"打通金融服务'三农'各个环节,建立县域银行业金融机构服务'三农'的激励约束机制,实现普惠性涉农贷款增速总体高于各项贷款平均增速。"农村金融在引导和推动农村经济发展中具有重要作用,金融深化是提高农民收入的重要途径。近年来,随着农村金融体系改革的深化,农村经济和农民收入均得到进一步增长。因此,在诸多解决农民收入问题的措施中,应该高度重视金融因素的作用,促进农村金融体系的改革与完善。

第二节 研究思路与方法

一、研究思路

本书旨在从理论和实证两个方面研究农村金融发展在解决农民收入增长问题中的重要作用,从而进一步深化对农村金融与"三农"发展关系的认识。首先,在农村金融发展与农民收入增长的制度背景下,剖析了农村金融发展与农民收入增长的联系机制,并分析了农户信贷约束的形成原因及破解途径;其次,描述了农村金融发展与农民收入的历史及现状,并探讨了农村金融市场中农户的融资状况;再次,基于中国省级面板数据,实证检验了农村金融发展与农民收入增长的关系;最后,根据研究的基本结论,提出了加强农村金融发展、支持农民增收的对策建议。图1-1为本研究的基本框架。

基于上述研究框架,本书共包括六章内容,采用逐层递进的思路,从理论到实证,系统地研究了中国农村金融发展与农民收入问题,具体安排如下。

第一章是导论。说明本书的研究背景、研究思路与方法以及可能的创新与不足之处。

第二章是对相关文献的述评。主要回顾了农村金融与农民收入的一般理论,重点概述了农村金融发展对农民收入影响的主要观点以及国内外相关实证研究的现状,为本书之后的研究提供了充分依据。

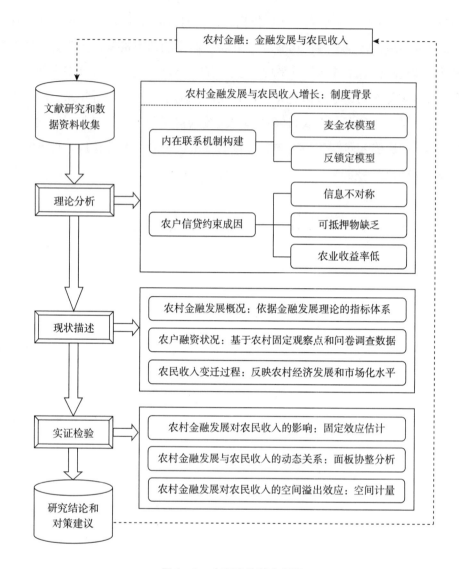

图 1-1　本研究的基本框架

　　第三章是理论分析。第一节分析了农村金融发展与农民收入增长的制度背景；第二节试图构建一个基本的理论分析框架，在农户信用、技术创新和农村金融支持之间建立起作用于农民收入增长的内在联系机制；第三节基于农户信贷约束视角，解析了农村金融困境的形成原因及破解途径。

　　第四章是历史与现状分析。第一节根据现代金融发展理论的一套较为完善的指标体系，概括了我国农村金融发展状况，从而揭示出农村金融体系金融功能的发挥状况；第二节基于农村固定观察点和问卷调查所得的数据，考察了农村金融市场中农户融资的基本特征，反映农户融资难问题；第三节分析了农民收入水平的变迁过程，说明农民收入问题的性质已经发生根本性改变。

第五章是实证分析。第一节利用中国 23 个省级地区 1989—2009 年的相关统计数据，引入地区和时间两类虚拟变量，采用固定效应估计法，检验了农村金融发展对农民收入增长的促进效应；第二节利用中国 29 个省级地区 1993—2009 年的面板数据，基于面板协整模型，考察我国农村金融发展与农民收入之间的长期均衡稳定关系，进一步地，基于长期均衡所派生的面板误差修正模型，考察农村金融发展与农民收入之间的短期动态调整效应；第三节利用中国 29 个省级地区 1990—2018 年的面板数据，基于空间滞后模型和空间误差模型，分析了农村金融发展对农民收入增长的空间溢出效应。同时，考虑到我国各地区农村金融发展和农民收入水平的差异性，分别对东部、中部和西部三个地区进行比较研究。

第六章是结论与对策建议。加强农村金融发展、支持农民增收的对策建议主要包括优化农村金融体系的未来布局、推动土地金融制度改革、完善农村抵押担保体系、构建多层次农业保险体系、实行区域差异化的农村金融货币政策等。

二、研究方法

（一）理论分析与实证分析相结合

本书在农村金融发展与农民收入增长关系理论分析的基础上，概括了农村金融发展情况及农民收入水平的变迁过程，同时对我国农村金融发展的收入效应进行了计量研究，最终得出相关的对策建议。在理论分析过程中，我们首先分析了农村金融发展与农民收入增长的制度背景，然后借鉴麦金农模型和反锁定模型分析了农村金融发展与农民收入增长的内在联系机制，最后剖析了农户信贷约束的形成原因。在实证分析过程中，本书强调数据的可靠性、模型的合理性及研究方法的实用性。为了反映中国区域农村经济发展和融资状况，使实证分析具有代表性与可比较性，同时考虑到数据的可获得性和完整性，我们以中国省级地区作为研究样本。第一，基于中国 23 个省级地区 1989—2009 年的面板数据，选取农民人均纯收入、农村金融发展规模、农村人均受教育年限等指标，将虚拟变量引入模型中，运用固定效应估计法，对中国农村金融发展收入效应的区域差异和时间差异进行了比较分析。第二，基于中国 29 个省级地区 1993—2009 年的面板数据，选取农民人均家庭经营纯收入、农民人均工资性收入和人均农业贷款余额等指标，利用面板协整模型和面板误差修正模型，综合运用面板单位根检验法、面板协整检验法、动态最小二乘法等方法，分析了中国农村金融发展与农民收入之间的长期均衡关系与短期调整过程。第三，基于中国 29 个省级地区 1990—2018 年的面板数据，利用空间滞后模型和空间误差模型，分析了农村金融发展对农民收入增长的空间溢出效应。第四，就理论分析与实证分析的事实提出了相关对策建议，有助于加强农村金融对农民增收的支持。

（二）定性分析与定量分析相结合

定性分析能够为定量分析提供分析框架与思路，同时定性分析也需要定量分析结果的支持。在应用经济学领域，需要重视定性分析与定量分析的结合。本书首先对农村金融与农民收入的一般理论进行简要回顾，归纳出国内外有关农村金融发展与农民收入关系的观点及相关实证研究，并通过理论总结与分析推理，提出一个基本的分析框架。同时，本书选取中国省级地区作为研究样本，并采用面板数据研究法量化了农村金融发展对农民收入增长的影响效应。

（三）数理经济学分析方法

数理经济学是运用数学方法对经济学理论进行研究的一门学科，它着重研究的是经济变量之间的关系。在分析农户信贷约束的形成原因时，本书进行了抽象的数学描述，证明信息不对称、可抵押物缺乏和农业收益率低是导致农户信贷约束的主要原因。

第三节 创新与不足之处

一、创新之处

本书以"三农"发展和实施乡村振兴战略为背景,基于相关文献的研究思路与方法,在以下三个方面进行了创新。

(一)研究视角

已有的相关研究更多着眼于中国整体层面来研究农村金融发展与农民收入增长的关系,而忽略了我国经济与金融发展水平的区域不平衡性。但事实上,中国具有典型的"二元结构特征",农村金融发展对农民收入增长的作用,在不同区域、不同阶段是有差别的,基于中国整体层面的研究结论并不一定能真实地反映农村金融发展与农民收入增长之间的关系。因此,考虑到中国农村地区发展的严重不平衡性,本书在以往研究的基础上,从区域差异的视角出发,将中国农村金融发展与农民收入问题的研究深入到省级层面,以期得到更加符合客观实际的研究结论。

(二)研究内容

长期以来,中国农村金融发展与农民收入增长之间的关系,往往被隐含在金融发展与经济增长的关系或农业信贷与农业发展的关系中,或者更多只能间接地从金融发展与收入差距的研究中获得,直接对农村金融发展与农民收入关系问题进行理论分析与实证检验的文献不多。同时,已往的研究甚少对农民的收入结构进行考察,大多只是分析农民的总体收入,而没有注意到农村金融发展对农民的家庭经营纯收入及工资性收入的影响效应是不同的。因此,本书不但在理论和实证方面直接对中国农村金融发展与农民收入之间的关系进行分析,而且进一步对农民的收入结构进行考察。

（三）研究方法

在实证分析方法上，现有的文献往往局限于利用截面数据或者时间序列数据对农村金融发展与农民收入之间的关系进行简单的相关性分析，所使用的实证方法也通常局限于普通最小二乘法和传统的时间序列分析法。本书基于省级面板数据，主要采用了以下三种实证方法：第一，为了便于对不同地区和时间段农村金融发展的收入效应进行比较分析，我们将地区和时间两类虚拟变量引入模型中，运用面板数据固定效应估计法实证研究了农村金融发展对农民收入影响效应的区域差异及时间效应，并对结果进行了 Hausman 检验，从而克服了国内外相关研究简单采用横截面数据分析或面板数据混合最小二乘法可能导致的信息丢失问题；第二，分别基于面板协整模型和面板误差修正模型，考察了我国农业信贷水平与农民收入之间的长期均衡稳定关系与短期动态调整效应，所使用的实证方法有面板单位根检验法、面板协整检验法、面板协整估计法（完全修正最小二乘法和动态最小二乘法）等；第三，分别基于空间滞后模型和空间误差模型，分不同时间段和不同区域，考察了农村金融发展对农民收入增长的空间溢出效应。

二、不足之处

虽然本书在研究视角、研究内容及研究方法等方面进行了创新，并力图为农村金融发展与农民收入增长关系的研究建立起一个较为完整的分析框架，但是依然存在一些不足之处，有待于今后进一步研究。

第一，非正规金融作为农村金融的重要组成部分，对农民收入增长同样具有重要作用，但是由于非正规金融数据的不完整性，本书对非正规金融的研究涉及不多，只是实证检验了农村正规金融发展对农民收入增长的影响。

第二，本书一些指标的测度在很大程度上取决于中国统计资料的现状，其准确性可能会受到一定的影响。例如，中国统计资料目前尚未直接公布关于农村地区生产总值数据，本书采用一般文献的通常做法，用第一产业增加值和乡镇企业增加值来近似替代，这可能会削弱实证结果的说服力，但限于统计资料只能如此。

虽然本书已经做了大量的工作，但是由于受到种种条件的限制，依然存在不少缺陷和问题，需要进一步的探索与完善。

第二章 农村金融发展与农民收入关系的研究述评

第一节 农村金融与农民收入的一般理论

一、农村金融理论

农村金融理论主要有三种理论流派：一是农业信贷补贴论，二是农村金融市场论，三是不完全竞争市场论。这三种农村金融理论为我国农村金融体系的改革与创新奠定了重要的理论基础。

（一）农业信贷补贴论

在 20 世纪 80 年代之前，农业信贷补贴论是占主导地位的农村金融理论。该理论支持"信贷供给先行"的农村金融发展战略，其基本前提是：一方面，农村面临着慢性资金不足的问题；另一方面，农村居民（尤其是贫困阶层）没有储蓄能力。[①] 基于此，农业信贷补贴论的主要观点是：（1）为了提高农业生产效率、缓解农村贫困，需要从农村外部注入政策性资金，创建具有非营利性质的专业金融机构进行资金分配；（2）农业的融资利率必须低于其他产业，从而缩小农业与其他产业的结构性收入差距；（3）非正规金融的高利率不但阻碍了农业发展而且导致农户更加贫困，政府应该通过农村信用合作

---

① 同时，农业的产业特性（投资的长期性和低收益性、收入的不确定性等）决定了农户不可能成为以利润最大化为目标的商业银行的融资对象。

组织和银行分支机构向农村注入大量低息的补贴性资金，从而将高利贷者挤出农村金融市场。

虽然农业信贷补贴论在一定程度上扩大了农村资金来源并促进了农村经济发展，但是该理论依然存在不足之处：（1）储蓄动员不力，农民能够持续得到廉价资金的预期致使农村信贷机构无法有效动员储蓄，农业信贷只是纯粹的财政压力；（2）贷款回收率低，由于农村信贷机构在政府的支持下缺乏足够的动力来有效监督借款者偿债，因此借款者往往会故意拖欠贷款；（3）偏好向中上层融资，过低的利率致使农村信贷机构偏好于照顾大农户，因此低息贷款的主要受益人不是贫穷的农民，而是较富有的农民。可持续发展的金融制度可以有效消除贫困（Gulli，1998），而实践表明，政府的农业信贷补贴政策不但会逐渐破坏农村金融市场的可持续发展能力，而且不利于农民收入的增长。

（二）农村金融市场论

20 世纪 80 年代以来，农村金融市场论逐渐代替了农业信贷补贴论。农村金融市场论在批判农业信贷补贴论的基础上，更强调市场机制的作用。与农业信贷补贴论不同，农村金融市场论的基本前提是：第一，农村居民具备储蓄能力，因此没有必要从农村外部注入资金；第二，低利率政策阻碍了农村居民向金融机构存款，从而不利于农村金融发展；第三，贷款回收率降低的重要原因是资金的外部依存度过高；第四，非正规金融的高利率是难以避免的。除此之外，该理论认为，农村资金缺乏，是因为农村金融制度安排不合理，而不是因为农户缺乏储蓄能力。基于此，农村金融市场论的政策主张是：（1）应该减少政府干预，由市场决定利率，以实现农村储蓄的有效动员及资金的供求平衡；（2）在农村金融市场中，农村内部金融中介的作用至关重要，同时储蓄动员非常关键；（3）农村金融机构是否成功的主要判别依据是，农村金融机构的成果及其经营的独立性与持续性；（4）没有必要实行为特定利益集团服务的目标贷款制度；（5）不应该盲目取消非正规金融。

农村金融市场论反对政策性金融对农村金融市场的扭曲，极力推崇市场机制。虽然在 20 世纪 80 年代农村金融市场论对许多发展中国家的农村金融政策产生了一定影响，但是该理论依然存在不足之处：（1）利率市场化并不一定能使小农户得到充分的正规贷款，例如，高成本和担保抵押物品的缺乏仍可能导致农户的信贷需求无法得到满足，这时就需要政府的介入；（2）该理论的基本前提与实现存在一定的差异。因此，在发展中国家的实践中，农村金融市场论并没有取得完全的成功。

（三）不完全竞争市场论

20世纪90年代以来，许多发展中国家开始认同不完全竞争市场论。不完全竞争市场论对金融自由化和政府干预等问题重新进行了审视，其基本框架和逻辑是：一方面，农村金融市场是不完全竞争的市场；[①] 另一方面，为了弥补市场的部分失效，需要采用一些非市场要素。[②] 基于此，不完全竞争市场论的基本结论和政策建议是：（1）金融市场发展的前提是宏观经济稳定（如低通货膨胀等）；（2）在金融市场发育到一定程度之前，应该将实际存款利率保持在正数范围内，而不能盲目追求利率自由化；（3）应该给予农村金融机构一定的政策保护（如限制新参与者等）；（4）应该鼓励建立借款人联保制度及资金互助合作形式的农户组织，以解决信息不完全而导致的贷款回收率低的问题；（5）在与商业性金融不产生冲突的领域内，政策性金融是有效的；（6）政府的适当介入，可以改善非正规金融市场的低效率和高风险问题。

不完全竞争市场论为政府介入农村金融市场提供了理论依据，但是，该理论并不是农业信贷补贴论的简单翻版。同时，不完全竞争市场论为新模式小额信贷提供了理论依据；新模式小额信贷强调信息不对称及高交易成本等问题的解决，而旧模式小额信贷则强调利用廉价资金来帮助穷人。不完全竞争市场论的分析建立在许多转型国家的实践基础上，为我国农村金融体制改革带来了启示与指引，也为20世纪90年代以来一系列农村金融政策的制定提供了理论依据。

[①] 在不完全信息条件下，金融机构无法充分掌握借款人的情况，完全依赖市场机制可能无法培育出社会所需要的金融市场。

[②] 政府适当介入金融市场、借款人组织化等措施均属于非市场要素。

（四）农村金融理论比较

表 2－1 对上述三种农村金融理论的观点及政策主张进行了对比，从中可以发现，农村金融理论是现代金融发展理论在农村领域的具体表现。农村金融理论的农业信贷补贴论、农村金融市场论和不完全竞争市场论，分别对应于现代金融发展理论的金融抑制论、金融深化论和金融约束论。

表 2－1　　　　　　　　　　三种农村金融理论的比较

项目	农业信贷补贴论	农村金融市场论	不完全竞争市场论
政府干预的必要性	必要	不必要	市场机制失灵时必要
利率管制的必要性	低利率管制	由市场决定	放松管制
金融机构管制的必要性	必要	不必要	初期必要，逐步放松
资金筹集方式	农村外部注入	农村内部筹集	农村内部筹集为主（不足部分由政府供给）
专项贷款的有效性	有效	无效	方法适当时有效
对非正规金融的评价	弊大于利	是有效的金融形式	有一定弊端，政府应该适度介入加以引导

二、农民收入增长理论

（一）农民收入增长的不完全信息理论

不完全信息是指反映主体行为与经济资源在时空分布上的不对称以及关联事物间的不协调等方面的信息。不完全信息普遍存在于经济活动中，同样也存在于农业生产经营活动中。不完全信息状况的决策过程，既是信息的传导过程，也是获取信息的激励过程。在不完全信息的情况下，行为主体作出的选择并非绝对正确（或最优）的，因此容易导致资源配置的非帕累托效率。

在传统农业生产力低下的阶段，农业生产具有极大的不确定性。在这样的情况下，农民不愿意冒险采用先进的生产技术[①]，其行为目的只是维持生存的最大可能性。图 2－1 显示了农民在不完全信息状况下的决策行为。农民 A

---

① 即农民在采用新技术的同时也承担一定的生产风险。

的产量接近理想消费水平，而农民 B 的产量接近于最低消费水平。这个时候，如果农民 B 冒险采用新技术，则一旦失败其产量就会少于最低消费需要（难以维持生存）；而农民 A 却可以承担这个风险。因此，农民 A 愿意采用新技术，而农民 B 则不敢采用新技术。从中我们可以得出传统农业发展缓慢的原因。

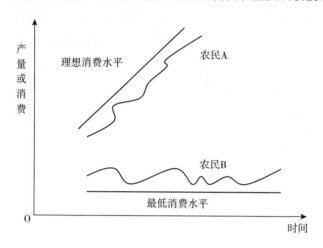

图 2 - 1 不完全信息下农民的决策行为

农业生产经营活动不完全信息的主要表现：一是农业面临着双重风险，即自然风险和市场风险；二是农业生产具有周期长、季节性强等特点；三是农产品具有体积大、易腐蚀、价格低等特点，农民是农业经济活动的主体，但不完全信息导致单个农户可能不掌握最先进的生产技术，也不清楚所买到的生产资料是否价格最低，更不可能完全清楚地知道农产品现在与未来的市场价格。这些不完全信息导致农民的收入具有不确定性或风险性，因此农民时常面临减收或低收等问题。而农民要降低信息的不完全性，往往要付出交易成本。从经济学的角度来看，农民的交易成本不仅包括其所耗费的人力与时间，而且包括在获取信息的过程中因放弃生产而导致产量减少的部分。

综上所述，不完全信息的存在导致了农业生产安排的盲目性，从而造成农产品结构趋同、价格下跌，进而不利于农民收入的增长。

（二）农民收入增长的产权理论

从产权经济学的观点来看，人们之间相互交换资源的过程实际上是对资源不同权利的交换过程（产权交换）。Demsetz（1994）指出，产权的重要性在于，它能够帮助一个人形成与其他人交易的合理预期；产权越明晰，提供的合理预期就越多，从市场上收集信息的成本也就越低。而产权的存在，同时也决定了资源交换过程中所产生收入的归属。不同的产权安排，导致了不同的收入分配。如果某种资源的产权属于一个人，那么由该资源所产生的收入也全部归这个人所有；如果将产权分割为使用权、转让权与收益权并归属于不同的人，那么所生产的收入将在这些人之间进行分配，各自得到相应的份额。Barzel（1997）对资源产权分割的原因作出了如下解释：一种资源通常有多种属性，一个人完全占有这些属性通常不是最有效率的安排，因此一种资源的产权通常被分割后由不同个人所有。产权不但会被分割，而且往往是残缺的。① 由于政府拥有改变产权安排的权力，因此政府管制是造成"产权残缺"最常见的原因。

改革开放初期，我国的农村土地制度是"集体所有，分户经营"，也就是说，农村土地的所有权归集体所有，农户享有土地的经营承包权。这种土地所有权和经营权的分离虽然满足 Barzel（1997）的有效率的产权安排，但是在一定程度上却不利于农民收入增长。一方面，土地经营承包权是残缺的，它并不是通过市场交易所得，而是通过行政权力被无偿赋予的；另一方面，还没有拥有稳定非农就业机会的农民，则把土地作为"进可攻、退可守"的职业保险，而已经拥有稳定非农就业机会的农民，在不能转化为市民②时，可能缺乏脱离土地的动力。这两个方面都影响了土地经营承包权可能获得的最大收入。2015 年，中共中央办公厅、国务院办公厅颁布的《深化农村改革综合性实施方案》指出要"落实集体所有权，稳定农户承包权，放活土地经营权"，明确未来我国农村土地制度改革的基本方向为"三权分置"。在新的制度背景下，有效的农地产权模式会带来诸多裨益，而对农民收入的影响直接关乎民生大计（李涛、张鹏，2020）。目前，我国农村尚未形成完全明晰的农村土地产权结构，农村土地产权结构如何推动农民收入增长也未有定论。但

---

① 在产权经济学里，"产权残缺"指的是完整产权权束里有一部分被删除或限制。
② 市民，又称城市居民，指具有城市户籍和常住在市区的公民。

毋庸置疑的是，农户土地使用权和收益权的残缺会影响土地资源的有效运用和农民收入的增长。

（三）农民收入增长的收入分配理论

收入分配是指国民收入在各种生产要素之间或在居民之间的分配（马洪、孙尚清，1985）。从内涵来看，收入分配可以分为功能收入分配（要素收入分配）和规模收入分配（个人收入分配）。功能收入分配是将国民收入按照生产要素（土地、资本和劳动等）在生产过程中所做贡献的大小在生产要素之间进行分配，其分配原则是经济效率原则；而规模收入分配则是将国民收入按照要素所有者拥有要素的多少在要素所有者之间进行分配，其分配原则是经济公平原则。从外延来看，收入分配可以分为初次分配和再分配。初次分配主要解决经济效率问题，反映功能分配的格局；再分配主要解决经济公平问题，反映规模分配的格局。

我国收入分配体制不合理是制约农民收入增长的重要因素之一（张晓山、崔红志，2001）。长期以来，我国城乡间的国民收入再分配存在很大差距。改革开放之前，为了完成重工业的跨越式发展，我国的收入分配格局主要是向重工业倾斜；而改革开放之后，为了尽快使城市实现现代化，我国的收入分配格局主要是向城市倾斜。这种扭曲的收入分配格局，对农村、农业和农民产生了长期的歧视及不公平。工业偏向和城市偏向的收入分配格局是农民增收难的主要根源之一。因此，要解决农民收入问题，关键是要调整当前的收入分配格局。这就需要在财政和金融体制上采取突破性的措施，从而加大对农村经济和农业的扶持力度，最终实现城乡协调发展。

第二节 农村金融发展对农民收入 影响的主要观点

一、农村金融发展与农民收入关系研究的萌芽

在传统的经济增长理论中，学者们重视的只是资本、土地及人力资源等

一些要素的作用，却忽视了金融发展对于经济增长的重要意义。直到 20 世纪 60 年代，一些国外学者才开始逐渐重视金融在经济发展中的作用［帕特里克（Patrick），1966；戈德史密斯（Goldsmith），1969；麦金农（McKinnon），1973；肖（Shaw），1973］。

帕特里克（1966）指出，在经济发展的不同阶段，金融发展与经济增长具有不同的关系：在经济增长的初期，"供给引导型"的金融发展处于主导地位；而当经济增长进入成熟阶段后，"需求遵从型"的金融发展将会成为主流。戈德史密斯（1969）指出，金融发展与经济增长具有同步进行的关系：金融结构改善了经济的运行状况，为资本转移提供了便利，因此经济快速增长的阶段往往也伴随着金融的超常发展。肖（1973）指出，金融发展与经济增长之间存在正向关系：发展中国家的经济改革应该从金融领域着手，减少人为因素对金融市场的干预，从而消除"金融抑制"。麦金农（1973）也指出，金融体制与经济发展之间存在相互推动及相互制约的关系：金融自由化是推动经济增长的重要途径，而金融抑制则会阻碍经济增长。

西方学者在关注金融结构问题时，才开始涉及农村金融发展与农民收入增长关系的研究。格利（Gurley）和肖（1955）、戈德史密斯（1969）、麦金农（1973）等注意到发展中国家存在严重的"金融抑制"现象，其金融体系具有"二元结构特征"。而在"戈德史密斯—麦金农—肖"的分析框架中，农村金融往往是发展中国家"二元金融结构"中受压制的"一元"。因此，农村金融是消除金融抑制、促进金融深化的重要作用点之一。而农村金融的治理往往也是农村经济发展与农民收入增长的基础。

以上内容是金融发展理论家在著作中提到的关于金融发展与经济增长的关系。而金融发展与农民收入增长关系的研究，通常被隐含在金融发展与经济增长的研究中（温涛等，2005）。因此，我们将上述思想视为农村金融发展影响农民收入的萌芽。

二、农村金融发展对农民收入影响的观点综述

关于农村金融发展与农民收入增长之间的关系，更多只能间接地从金融

发展与收入差距之间的关系中获取。而长期以来，由于经济增长被认为是金融发展影响收入分配的重要渠道，因此，金融发展与经济增长的关系又理所当然地代替了金融发展与收入分配的关系。金融发展与收入差距之间的关系主要有以下三种。

第一，金融发展与收入差距之间存在"倒 U"形关系。支持这一观点的学者主要有 Greenwood 和 Jovanovic（1990）、Aghion 和 Bolton（1997）、Matsuyama（2000）、Townsend 和 Ueda（2003）。Greenwood 和 Jovanovic（1990）通过动态模型的建立分析了经济增长、金融发展和收入分配三者之间的关系，研究发现，金融发展与收入差距服从"库兹涅茨效应"的"倒 U"形关系。[1] 之后，Townsend 和 Ueda（2003）在 GJ 模型（Greenwood 和 Jovanovic，1990）的基础上进行了简化与改进，进一步探讨了金融深化对收入分配的影响及其动态演化路径，并且证明了金融发展与收入差距之间遵循"倒 U"形关系。Aghion 和 Bolton（1997）考察了不完美资本市场下经济增长与收入差距的关系，同时分析了资本积累的"涓流效应"[2]，最后预言了金融发展与收入差距将会在长期中表现出库兹涅茨效应。Matsuyama（2000）则强调了信贷市场的作用，并在统一框架内对财富分配与利率的相互作用机制进行了研究，证明了长期内经济增长与收入差距之间存在"倒 U"形关系，其结论是：短期内收入差距会扩大，富人高水平收入的获得以穷人的存在为基础；而长期内，通过"涓流效应"财富会从富人那里转移到穷人的口袋，收入差距逐渐消失。

第二，金融发展会扩大收入差距。支持这一观点的学者主要有 Galor 和 Zeira（1993）、Banerjee 和 Newman（1993）。Galor 和 Zeira（1993）利用两部门跨期模型对收入分配在宏观经济中的作用进行了研究，其分析表明：因为资本市场不完善，只有能够借入足够多资金（或继承足够多遗产）的人才可以完成物质资本与人力资本的投资，收入不平等将以遗产馈赠的方式持续下

---

① 1975 年，诺贝尔经济学奖获得者库兹涅茨在研究公平与发展之间的关系时，首次提出公平与发展"倒 U"形曲线规律（金融发展在初期会促进经济增长但也会扩大收入差距，随着收入的增长，金融发展将逐步缩小收入差距）。

② 涓流效应是指，所有位于经济扩张中心周围的地区，都会随着经济扩张中心基础设施的改善，从中心地区获得资本与人才，从而促进本地区的发展，并逐步赶上中心地区的发展。

去；同时，初始财富分配不平等的经济体增长速度较为缓慢。Banerjee 和 Newman（1993）通过三部门模型的构造研究了职业选择与财富分配之间的关系，结果表明：在经济发展中，初始财富分配不但决定了家庭生产占主体还是工业生产占主体，而且决定了经济发展是进入衰退阶段还是繁荣阶段；信贷市场越不完善，收入分配差距就越大。Galor 和 Zeira（1993）、Banerjee 和 Newman（1993）的研究也得出了类似结论，即在金融市场不完善的条件下，金融发展不一定能够缩小收入差距。

第三，金融发展能够缩小收入差距。支持这一观点的学者主要有 Matin 和 Hulme（1999）、Chakrabort 和 Ray（2003）、Barr（2005）。Chakrabort 和 Ray（2003）探讨了市场主导型金融体系与银行主导型金融体系在经济增长中的优点与缺点，同时研究了收入差距、产业化与金融结构之间的关系，结果表明：在银行主导型金融体系中，金融发展能够促进收入差距的缩小。Matin 和 Hulme（1999）、Barr（2005）则认为金融发展是通过贫困的减少缩小了收入差距。Matin 和 Hulme（1999）回顾了过去 15 年各国向穷人提供金融服务（如微型金融）的经验，所得结论为：金融服务增加了穷人改善生活的可能性；良好的金融服务对贫困的减少发挥了杠杆作用；然而，减少贫困是一个综合性的复杂工程，仅仅提供良好的金融服务并不一定能减少贫困。Barr（2005）指出，微型金融对金融发展具有重要作用，它不仅是一种反贫困政策，更是一种发展政策，应该通过经济增长与金融发展，实现贫困的减少。

第三节　农村金融发展与农民收入
关系的经验证据

一、金融发展与经济增长的关系

根据各国经济发展的历史经验及学者们对金融发展和经济增长所做的实证研究证实，健康稳定的金融体系和经济增长之间是相互促进的。戈德史密斯（1969）利用定性分析与定量分析相结合的方法，利用衡量金融结构及金融发展水平的基本指标体系，对 35 个国家 1860—1963 年的数据进行了统计分析，结果发现：虽然各国的金融结构和经济发展水平不同，但是金融发展路径基本一致；金融结构能够促进经济增长，金融发展与经济增长呈平行发展关系。之后，King 和 Levine（1993）对戈德史密斯（1969）的研究进行了扩展，在指标选取和数据处理方法上具有开创性，他们对 80 个国家 1960—1989 年的数据进行了统计分析，结果表明：金融发展与经济增长之间存在很强的相关性；信息成本和交易成本的存在导致了金融市场及中介的产生，金融中介功能（动员储蓄和配置资源等）的发挥促进了资本积累与技术创新，从而实现了经济增长。此外，Kugier（1998）、Loaya（2000）等也利用不同的计量方法验证了金融发展对经济增长的促进作用。

在国内，谈儒勇（1999）利用中国 1993—1998 年的相关数据实证检验了金融发展与经济增长之间的关系，结果发现：中国金融发展与经济增长之间有显著的正向关系。但是该研究的样本时期非常短（只有 6 年），并且没有深入省级层面进行分析，这在一定程度上影响了其结论的客观性与可靠性。周立和王子明（2002）利用中国各地区 1978—2000 年的相关数据，对金融发展与经济增长之间的关系进行了实证分析，研究发现：中国各地区金融发展与经济增长密切相关，金融发展能够促进经济的长期增长，同时，金融发展差异可以部分解释中国各地区经济增长差异。韩廷春等（2002）利用中国 1981—2002 年的时间序列数据，实证检验了金融发展与经济增长之间的关系，其格兰杰（Granger）因果检验的结果表明：1992—2002 年，中国金融发展是经济增长的直接原因。武志（2010）采用戈氏指标对中国金融发展水平进行了考察，同时通过剔除虚假成分得到我国金融发展的实际水平，并在此基础上实证研究了金融发展与经济增长之间的关系，所得结论为：无论是金融增长还是金融发展均能够有效推动经济增长。在探究中国金融发展与经济增长之间的关系的同时，国内有些学者也对农村金融发展与农村经济增长之间的关系进行了实证检验。姚耀军（2004）利用中国农村 1978—2001 年的宏观数据，基于 VAR 模型，采用 Granger 因果检验法，对农村金融发展与农村经济增长的关系进行了实证研究，结果表明：农村正规金融相对于农村经济增长是缺乏效率的，而农村非正规金融值得关注。张颖慧（2007）利用中国1978—2004年的时间序列数据，分析了农村金融发展与经济增长之间的关系，实证结果表明：中国农村金融发展与经济增长之间具有长期均衡关系，农村经济增长不是农村金融发展的Granger原因，而农村金融发展是农村经济增长的Granger原因。

虽然国内外学者已经大体上认同金融发展对经济增长具有重要的促进作用，但是具体到我国新阶段农村金融发展与经济增长的关系，进行系统研究的学者依然不多。农村金融作为一个复杂的体系，任何部分的缺陷都将不利于农民收入的提高和农村经济的增长。因此，在分析我国现阶段农村经济发展的基础上，系统地研究农村金融发展才是现实选择。

二、金融发展与收入差距的关系

由于从金融发展与收入差距关系的研究中，可以间接得到农村金融发展与农民收入增长之间的关系，因此本部分对这类文献也进行了简要回顾。国内外学者采用不同的视角与方法，对金融发展与收入差距之间的关系进行实证研究后，得出了不同的结论。

Clark、Xu和Zou（2003）运用全球91个国家1960—1995年的相关数据，分析了金融发展与收入差距的关系，其研究结果并不支持"倒U"形关系：金融发展与收入差距是负相关的，金融发展会显著降低收入分配差距。Jalilian和Kirknatrick（2001）利用42个发展中国家的面板数据，研究了金融发展、经济增长与贫困减少之间的关系，结果发现：金融发展可以促进经济增长，而经济增长可以减少贫困，因此通过经济增长这个中介，金融发展可以促进贫困减少。Beck、Kunt和Levine（2004）利用全球99个国家1960—1999年的数据，研究了金融发展与贫困减少之间的关系，结果表明：随着金融的不断发展，最低收入阶层的收入增长速度要快于每单位资本平均国内生产总值的增长；对穷人而言，金融发展有利于缩小收入分配差距。帕特里克（Patrick，2004）利用中国、俄罗斯、英国及韩国的相关数据，实证检验了金融发展、经济增长与贫穷之间的关系，结果表明：

金融发展毋庸置疑能够促进经济增长；同时，金融发展可以降低贫困的比例。此外，帕特里克（2004）在分析过程中还结合了样本国家的实际情况，为之后的研究起到了示范作用。

在国内，尹希果（2007）基于面板单位根和 VAR 模型的估计结果得出的结论是：不论在东部地区还是在西部地区，金融发展与城乡收入差距都不存在长期关系。而姚耀军（2005）通过实证分析得出了不同的结论：金融发展与城乡收入差距之间存在长期稳定关系，金融发展规模与城乡收入差距之间正向相关同时具有双向的 Granger 因果关系，金融发展效率与城乡收入差距之间负向相关同时具有双向的 Granger 因果关系。孔晗和陈志刚（2010）利用湖北省 1978—2008 年的时间序列数据，采用协整回归和 Granger 因果检验法，对金融发展与城乡收入差距之间的关系进行了实证分析，结果发现：金融规模扩张和经济增长能够缩小城乡收入差距；而现代部门的扩张则扩大了城乡收入差距。胡宗义和刘亦文（2010）基于中国 2007 年县域截面数据，运用非参数检验法对金融非均衡发展与城乡收入差距的库兹涅茨效应进行了实证检验，研究表明：在金融发展的初期，金融深度与城乡收入差距之间具有正向关系；在金融发展的中期，金融深度对城乡收入差距不具有明显的影响；而在金融发展的高级阶段，随着金融深度的提高，城乡收入差距不断缩小。章奇等（2003）利用中国各省份 1978—1998 年的面板数据，实证检验了银行信贷和城乡收入差距之间的关系，结果发现金融发展拉大了城乡收入差距，王虎和范从来（2006）也支持这样的结论。成学真和李萍（2011）基于甘肃省 1978—2008 年的相关数据，利用协整检验和 Granger 因果检验法，对金融发展与城乡收入差距的关系进行了实证研究，结果显示：金融发展与城乡收入差距之间存在长期均衡关系，同时金融发展拉大了城乡收入差距。

三、农村金融发展与农民收入的关系

金融体系最重要的功能是资金配置功能，缺乏合适有效的金融机构，已经成为阻碍农民收入增长的主要原因之一（林毅夫，2003）。关于农民增收问题，国内已经有不少研究成果（尚启军，1998；林毅夫，2001；许经勇等，2001；罗发友等，2002）。但这些研究都没有对农村金融与农民收入之间的关系进行实证分析。之后一些学者的研究弥补了这一不足。但是，由于数据指标选取和实证分析方法应用的差异，这些研究所得到的结论并不一致（见表2-2）。

表2-2　　　　　　　　　农村金融发展与农民收入关系的实证研究

作者	农村金融发展指标	被解释变量	所用数据	实证方法	基本结论
周小斌李秉龙（2003）	农业贷款的自然对数	农业总产值	江西省2000年和2001年分县的截面数据	普通最小二乘法	中国农业信贷对农业产出及农民收入均具有显著的正效应
许崇正高希武（2005）	人均农村贷款	农户人均生产性纯收入	中国1980年至2002年的时间序列数据	普通最小二乘法	1980—1990年，农民信贷投资是影响农民收入的重要因素；1991—2002年，信贷投资对于农户人均收入增长的影响不显著
中国人民银行武汉分行课题组（2005）	农业贷款的自然对数	农民家庭人均纯收入	湖北省1986年至2003年的时间序列数据	普通最小二乘法	农业贷款对农民收入增长具有重要作用，但其贡献度在下降
温涛冉光和熊德平（2005）	农村居民储蓄比率、农村金融机构信贷比率	农村居民人均纯收入	中国1952年至2003年的时间序列数据	协整分析法、Granger因果检验法	中国金融发展对农民收入增长有显著负效应；同时，中国农村金融发展也未能有效促进农民收入增长
朱喜李子奈（2006）	农村贷款与GDP的比率	已消除价格影响的农村居民人均纯收入	中国1981年至2004年的时间序列数据	协整分析法、Granger因果检验法、脉冲响应分析法	农村贷款与农民收入、农村投资之间不存在长期均衡关系；在短期内，金融机构的农村贷款投入未能有效促进农村投资增加及农民收入增长

续表

作者	农村金融发展指标	被解释变量	所用数据	实证方法	基本结论
郭为 (2007)	金融活跃度（私营企业数量占总企业数量的比重）	农村居民家庭人均纯收入	中国 1991 年至 2001 年 30 个省级地区的面板数据	固定效应法	农村金融在农民现阶段收入的增长中起到很重要的作用
娄永跃 (2010)	农村储蓄及农业贷款的自然对数	已消除价格影响的农民人均纯收入	中国 1995 年至 2008 年的时间序列数据	协整分析法、Granger 因果检验法	农村金融发展与农民收入增长存在正向关系，但总体来说，农村金融尤其是农村信贷资金，相对于农民生产生活需求仍然是短缺资源
余新平 熊皛白 熊德平 (2010)	农村存款比率、农村贷款比率、农业保费赔付率、农业保费收入比率、乡镇企业贷款比率	已消除价格影响的农民人均纯收入	中国 1978 年和 2008 年的时间序列数据	协整分析法	农村存款和农业保险赔付能够显著促进农民收入增长，而农村贷款、农业保险收入和乡镇企业贷款却会抑制农民收入增长
薛薇 谢家智 (2010)	农村金融中介规模、农村金融中介效率	城镇居民人均可支配收入与农村居民人均纯收入之比	中国 1978 年至 2008 年的时间序列数据	协整分析法	农村金融中介规模的提高，会导致城乡收入差距的扩大；而农村金融中介效率的提高，有利于城乡收入差距的缩小
王征 鲁钊阳 (2011)	农村金融发展规模、结构和效率	城镇居民人均可支配收入与农村居民人均纯收入之比	中国 1993 年至 2009 年 28 个省级地区的面板数据	GMM 估计法	农村金融发展规模、结构和效率与城乡收入差距正向相关，农村金融发展扩大了城乡收入差距
张宇青 周应恒 易中懿 (2013)	农业贷款余额与农户贷款余额之和	农村居民家庭人均纯收入	中国 2008 年与 2010 年各省份的截面数据	空间计量法	从 2008 年到 2010 年，省际农村金融发展空间异质性呈现增强趋势；农村金融发展对农民增收的影响效应由显著变为不显著

续表

作者	农村金融发展指标	被解释变量	所用数据	实证方法	基本结论
张兵 翁辰 （2015）	农村信用社年贷款余额与农村地区生产总值之比	农村居民家庭恩格尔系数	中国 1997 年至 2012 年 30 个省级地区的面板数据	面板门槛和空间计量法	相邻地区农村金融发展水平的提高对农村贫困减缓短期有利而长期不利；农村金融发展对农村贫困的影响存在显著的门槛效应，随着经济发展水平的提高，减贫效应呈现边际收益递增
杜江 张伟科 范锦玲 （2017）	农村金融发展规模和农村金融发展效率	已消除价格影响的农村居民人均纯收入	中国 2005 年至 2015 年 29 个省级地区的面板数据	面板门槛和空间计量法	农村金融发展对农民收入的影响并非简单的线性关系，而是存在显著的双重门槛效应；农民收入存在明显的正向空间溢出效应，本地区农民收入能够从其他地区的农村金融发展等因素中获取正向外部性

　　许崇正等（2005）从历年的统计数据出发，就农村金融对农民收入增长的支持状况进行了实证研究，结果发现：在 1980—1990 年，农民信贷投资是影响农民收入增长的重要因素；但在 1991—2002 年，信贷投资对农户人均收入增长的影响并不显著，这说明农村金融对农民收入增长的支持不力。温涛等（2005）在对中国金融发展与农民收入增长进行理论分析的基础上，运用 1952—2003 年的实际数据，实证检验了中国整体金融发展、农村金融发展与农民收入增长之间的关系，结果表明：中国金融发展对农民收入增长具有显著的负效应，用金融发展与经济增长的正向关系直接替代金融发展与农民收入增长的关系，与我国经济发展的事实不相符；同时，中国农村金融发展也未能有效促进农民收入增长。此外，许崇正等（2005）和温涛等（2005）还发现，农村金融发展水平与农民收入之间不存在长期关系。除此之外，温涛和王煜宇（2005）运用 1952—2002 年的实际数据进行了实证研究，结果表

明，农业贷款的增长并没有成为促进农业和农村经济增长、农民收入水平提高的重要资源要素；但是，这一结论并没有否定中国金融支持农业和农村经济发展的必要性，它所揭示的不是政府现行相关政策的错误，而是证实了由于中国缺乏稳定的农业资本形成机制而导致资金配置效率低下这一事实。朱喜和李子奈（2006）基于 VEC 模型的协整分析，考察了我国改革开放以来农村信贷的分配效率，结果发现：在政府主导的指令性信贷模式下，农村贷款与农民收入、农村投资之间不存在长期均衡关系；在短期内，金融机构的农村贷款投入未能有效地促进农村投资的增加及农民收入的增长。余新平、熊皛白和熊德平（2010）基于中国 1978—2008 年的时间序列数据，运用协整分析法进行了研究，发现农村存款和农业保险赔付能够显著促进农民收入增长，而农村贷款、农业保险收入和乡镇企业贷款却会抑制农民收入增长。

关于农村金融发展对农民收入影响的研究，许多文献都认为中国农业信贷效率低、未能有效推动农民增收，但也有一些研究得出了农村金融发展对农民增收具有显著正效应的结论。周小斌和李秉龙（2003）采用柯布—道格拉斯生产函数方法，运用双对数线性模型，实证分析了中国农业信贷对农业产出的影响，结果表明中国农业信贷对农业产出及农民收入均具有显著的正效应。中国人民银行武汉分行课题组（2005）利用湖北省 1986—2003 年的相关数据，对农民收入与农业贷款的关系进行了简单的回归分析，并在此基础上估算出农业贷款对农民收入增长的贡献率，最终得出以下结论：农业贷款对农民收入增长确实具有很重要的作用，但是农业贷款对农民收入增长的贡献度在下降；这种下降趋势主要与两种因素有关，一是资源约束型农业中资金要素投入的边际生产率递减，二是当前农村金融体系效率不高。王虎和范从来（2006）运用 1980—2004 年的实际数据，对金融发展与农民收入之间的相关性及其影响机制进行了实证研究，结果表明：金融发展对农民收入增长具有积极的促进作用，并且这种作用是通过农村人力资本、国家财政对农业的支持以及产业结构变动等各种渠道实现的，该结论与已有的中国金融发展不利于农民收入增长的结论不同。郭为（2007）基于 1991—2001 年 30 个省级地区的面板数据，实证检验了农村金融发展与农民收入增长之间的关系，结果发现：农村金融在农民现阶段收入的增长中起到很重要的作用；为了提高农民收入，地方政府应该积极引导农村金融发展，使其发挥更大的作用。娄永跃（2010）采用计量经济和灰色关联分析相结合的研究方法，在客观探索研究农民增收的形成现状、深入剖析农民增收制度缺陷的基础上，重点对近年来农村金融发展与农民增收的内在关系进行了实证分析，结果表明：农村金融发展与农民收入增长之间存在显著的正向关系，但总体来说，农村金融尤其是农村信贷资金，相对于农民生产生活需求仍然是短缺资源，那么选择信贷投向就显得十分必要。薛薇和谢家智（2010）基于中国 1978—2008 年的时间序列数据，利用协整分析法，对中国农村金融中介发展与城乡收入差距的关系进行了实证检验，研究发现：农村金融中介规模的提高，会导致城乡收入差距的扩大；而农村金融中介效率的提高，有利于城乡收入差距的缩小。王征和鲁钊阳（2011）在分析农村金融发展影响城乡收入差距机理的基础上，设定动态面板数据模型，运用 1993—2009 年 28 个省级地区的面板数据，实证分析了农村金融发展对城乡收入差距的影响，结果发现：在控制其他变量的情况下，农村金融发展规模、结构和效率与城乡收入差距正向相关，由此可见，农村金融发展会导致城乡收入差距的扩大。张宇青、周应恒和易中懿（2013）基于 2008 年与 2010 年各省份的截面数据，利用空间计量方法进行了研究，结果发现从 2008 年到 2010 年，省际农村金融发展空间异质性呈现增强趋势；农村金融发展对农民增收的影响效应由显著变为不显著。张兵和翁辰（2015）基于 1997—2012 年 30 个省级地区的面板数据，运用面板门槛模型和空间计量模型，实证检验了农村金融发展与农村贫困减缓之间的非线性关系与空间效应，结果发现，相邻地区农村金融发展水平的提高对农村贫困减缓短期有利而长期不利；同时，农村金融发展对农村贫困减缓的影响存在显著的门槛效应，随着经济发展水平的提高，减贫效应呈现边际收益递增。杜江、张伟科和范锦玲（2017）基于 2005—2015 年 29 个省级地区的面板数据，运用面板门槛模型和空间计量模型，验证了农村金融发展对农民收入影响的门槛效应和空间溢出效应，发现农村金融发展对农民收入的影响并非简单的线性关系，而是存在显著的双重门槛效应，当农村经济发展水平大于第一门槛值 119.74 和第二门槛值 281.87 时，农村金融发展才会显著促进农民收入的提高；同时，农民收入存在明显的正向空间溢出效应，不同权重下的空间计量模型均表明本地区农民收入能够从其他地区的农村金融发展等因素中获取正向外部性。

第四节　本章小结

本章首先对农村金融发展与农民收入的相关理论进行回顾，然后在此基础上，分别对农村金融发展与农民收入关系的主要观点与经验证据进行综述。毋庸置疑，已有的研究成果为我们进一步的研究奠定了坚实的基础。但是，通过对国内外文献的归纳与总结可以发现，现有的研究存在以下不足。（1）从研究视角来看，现有的研究基本上都是基于国家层面来考虑整体农村金融发展与农民收入的关系，却忽视了中国农村金融发展的区域不平衡性。而事实上，中国各省份的经济发展水平差距很大，农村金融发展也有很大差异，因此研究不能仅仅停留在国家层面。（2）从研究内容来看，中国农村金融发展与农民收入之间的关系往往被隐含在金融发展与经济增长的关系中，或者只能从金融发展与收入差距的研究中间接获得，直接分析农村金融发展与农民收入关系的文献很少。（3）从研究方法来看，现有的文献往往局限在利用截面数据或者时间序列数据对农村金融发展与农民收入之间的关系进行简单的相关性分析，所使用的实证方法也通常局限在普通最小二乘法和传统的时间序列分析法。因此，关于农村金融与农民收入关系的研究有待于进一步的完善。

鉴于此，本书将在理论分析与现状描述的基础上，深入省级层面，结合各地区的实际情况，运用面板数据及相应的实证方法对农村金融发展与农民收入之间的关系进行分析，以期得到更符合客观实际的研究结论并提出切实可行的对策建议。

第三章 农村金融发展与农民收入关系的理论分析

本章首先分析了农村金融发展与农民收入增长的制度背景；其次构建一个基本的理论分析框架，在农户信用、技术创新和农村金融支持、农民收入增长之间建立内在联系机制；最后基于农户信贷约束视角，剖析了农村金融困境的形成原因及破解途径。

第一节 农村金融发展与农民收入增长：制度背景

中国的国情从根本上决定了农民收入增长理应成为经济发展的重要标志及金融发展的重要目标，但中国经济与金融发展并不具备使之成为可能的初始条件（温涛等，2005）。新中国成立初期，我国出于当时国内外政治与经济因素的考虑，选择了优先发展重工业的赶超战略。为了保证被压低价格的要素和产品流向重工业部门，同时将经济中剩余的积累用于重工业发展，对经济资源实行集中计划配置和管理的制度安排应运而生。这一时期，金融作为国家动员经济资源并将经济剩余投入重工业的工具，实际上已经成为政府财政的一部分（林毅夫，2003）。从这个意义上讲，金融内生于经济发展战略。而为了有效动员农业、农民和农村的经济资源与经济剩余，这种内生于经济发展战略的金融制度必然要延伸到农村。农村金融被强制服从于经济发展战略，并成为国家控制下向工业及城市输送农村经济资源和经济剩余的管道。在这种情况下，农村金融自然无法促进农民收入的增长。

随着市场经济的不断发展，这种源于计划经济下向重工业倾斜战略的金融体制与结构开始有所改善。但是，金融改革滞后于经济改革的"中国之谜"

现象，依然在中国经济市场化进程中出现。1978 年开始的中国农村改革是在没有触动整个经济和金融体制下自发进行的（温涛等，2005），20 世纪 80 年代中期，在政府的主导下，中国改革的重心开始转向城市和工业。因此，中国农村改革最终并没有形成内生于农村经济的金融。如果中国农村金融制度不能沿着自身的内在逻辑进行改革，那么农民收入就难以成为经济发展的重要标志和金融发展的重要目标。

中国在很长一段时期里一直奉行不平衡发展战略，政府为了实施城市偏向的工业化赶超战略，制定了一套城乡隔离制度，其直接后果是"三农"问题日益成为影响国民经济发展的"瓶颈"（钱水土，2009）。"三农"问题是直接关系到社会稳定和城乡统筹发展的重大问题，而提高农民收入是解决"三农"问题的关键。增加农民收入的主要途径是：培育和完善农村要素市场，在推动农村劳动力向非农产业转移的同时提高农业产出效率，保持农村经济持续稳定发展。而这些措施均直接或间接地依赖于农村金融的发展与支持。2008 年 10 月 12 日，党的十七届三中全会在《中共中央关于推进农村改革发展若干重大问题的决定》中强调农村金融是现代农村经济的核心，并指出要"建立现代农村金融制度"。

自改革开放以来，为了配合中国经济体制改革的推进，促进"三农"发展，农村金融体制发生了深刻变革。我国农村金融体制改革的最终目标就是建立一个能够满足"三农"发展的金融服务体系。其四十多年的改革历程可以分为四个阶段：一是农村金融市场组织的多元化及有限竞争格局的初步形成阶段（1979—1993 年），该阶段的改革措施和政策方案是恢复并成立新的金融机构、形成多元化农村金融市场，主要包括恢复中国农业银行大力发展农村信贷事业、重新恢复农村信用社名义上的合作金融组织地位、放开民间信用管制、允许多种融资方式存在；二是分工协作的农村金融体系框架构筑阶段（1994—1996 年），该阶段进一步明确了改革目标和思路，提出要建立以合作金融为基础、商业性金融和政策性金融分工协作的，能够为农业和农村经济发展提供及时有效服务的农村金融体系；三是农村信用社主体地位的形成及农村金融改革的深化阶段（1997—2006 年），该阶段在经历了亚洲金融危机和 1997 年开始的通货紧缩之后，开始重视对金融风险的控制并客观上强化了农村信用社在农村金融市场的垄断地位，主要体现在收缩国有银行战线①、对民间金融加强监管②、将农村信用社改革作为农村金融体制改革的重点③；四是探索试点开放农村金融市场的增量改革阶段（2006 年至今），该阶段被称为"新一轮改革"，其重点是增量（现行农村金融体系所缺乏的部分）而不是存量，政府在"新一轮改革"中开始从体制外部寻找改革的着力点与突破口。

　　改革开放以来，针对我国农村金融发展中所存在的问题，农村金融政策进行了不断调整（见表 3 - 1），在一定程度上缓解了农村巨大的金融需求。但是，纵观改革开放以来中国农村金融体制的改革历程，可以发现它是一个政府参与和主导的强制性制度变迁过程。虽然政府在农村金融体制创新和金融机构建设等方面采取了许多措施，但就目前我国农村金融制度而言，农村金融供给还不能满足农户和农村中小企业日益膨胀的金融需求。农村金融改革要取得进一步突破，必须充分重视农民的自主创造和自由选择，不断满足不同层次的农村金融需求，这也是建立现代农村金融制度的根本所在。因此，农村金融改革必须以效率为目标，因地制宜地推动制度变迁，以适应传统农业向现代规模农业和特色农业转变的需要，从而真正建立起有利于提高农民收入、缩小城乡收入差距和缓解农村贫困的现代农村金融制度。

表 3 - 1　　　　　　　　改革开放以来农村金融体制改革的政策变化

时间	文件名	主要内容及政策意图
1979 年 2 月	《关于恢复中国农业银行的通知》（国发〔1979〕56 号）	恢复中国农业银行日常业务，将中国农业银行发展成为以农业为主要服务对象的专业银行
1984 年 8 月	《关于改革信用社管理体制的报告》（国发〔1984〕105 号）	农村信用社接受中国农业银行领导与监督，独立自主地开展存贷业务；成立县级联社
1996 年 8 月	《关于农村金融体制改革的决定》（国发〔1996〕33 号）	农村信用社与中国农业银行脱离行政隶属关系，改由县联社和中国人民银行进行监管

---

　　①　1997 年，中央金融工作会议确定了"各国有商业银行收缩县（及以下）机构，发展中小金融机构，支持地方经济发展"的基本策略，包括中国农业银行在内的国有商业银行开始日渐收缩县及县以下机构。

　　②　1999 年，在全国范围内撤销农村合作基金会和其他民间金融组织。

　　③　农村信用社的改革举措有放宽其贷款利率浮动范围的限制、加大国家财政投入以解决其不良资产问题、推动并深化其改革试点工作等。

续表

时间	文件名	主要内容及政策意图
1998 年 7 月	《非法金融机构和非法金融业务活动取缔办法》（国务院令第 247 号）	规范农村金融秩序，取缔非法金融组织
2002 年 3 月	《中共中央　国务院关于进一步加强金融监管，深化金融企业改革，促进金融业健康发展的若干意见》（中发〔2002〕5 号）	充分发挥农村信用社对农业和农村经济的促进作用，各地区可根据自身实际情况建立县一级法人体制或进行股份制改造
2004 年 1 月	《中共中央　国务院关于促进农民增加收入若干政策的意见》（中发〔2004〕1 号）	从农村实际和农民需要出发，按有利于增加农户和企业贷款，有利于改革农村金融服务的要求，加快改革和创新农村金融体制；建立金融机构对农村社区服务的机制，明确县域内各金融机构为"三农"服务的义务；鼓励有条件的地方，在严格监管、有效防范金融风险的前提下，通过吸引社会资本和外资，积极举办直接为"三农"服务的多种所有制的金融组织
2005 年 1 月	《中共中央　国务院关于进一步加强农村工作提高农业综合生产能力若干政策的意见》（中发〔2005〕1 号）	确定农村金融体制改革的总体方案；继续深化农村信用社改革，完善治理结构、强化约束机制、增强支农服务能力，进一步发挥其农村金融的主力军作用；允许各地设立小额信贷公司和社区金融机构
2006 年 1 月	《中共中央　国务院关于推进社会主义新农村建设的若干意见》（中发〔2006〕1 号）	鼓励在县域内设立多种所有制的社区金融机构，允许私有资本、外资等参股；引导农户发展资金互助组织；规范民间借贷
2007 年 1 月	《中共中央　国务院关于积极发展现代农业扎实推进社会主义新农村建设的若干意见》（中发〔2007〕1 号）	加快制订农村金融整体改革方案，努力形成商业金融、合作金融、政策性金融和小额贷款组织互为补充、功能齐备的农村金融体系
2008 年 1 月	《中共中央　国务院关于切实加强农业基础建设进一步促进农业发展农民增收的若干意见》（中发〔2008〕1 号）	通过批发或转贷等方式解决部分农村信用社及新型农村金融机构资金来源不足的问题；扩大和创新抵押担保机制
2009 年 2 月	《中共中央　国务院关于2009年促进农业稳定发展农民持续增收的若干意见》（中发〔2009〕1 号）	加快发展多种形式的新型农村金融组织和以服务农村为主的地区性中小银行；鼓励和支持金融机构创新农村金融产品和金融服务，大力发展小额信贷和微型金融服务

续表

时间	文件名	主要内容及政策意图
2010 年 1 月	《中共中央 国务院关于加大统筹城乡发展力度进一步夯实农业农村发展基础的若干意见》（中发〔2010〕1 号）	加强财税政策与农村金融政策的有效衔接，引导更多信贷资金投向"三农"，切实解决农村融资难问题；建立农业产业发展基金，发展农村小额保险，支持符合条件的涉农企业上市
2012 年 1 月	《中共中央 国务院关于加快推进农业科技创新持续增强农产品供给保障能力的若干意见》（中发〔2012〕1 号）	发展多元化农村金融机构，鼓励民间资本进入农村金融服务领域；推进农村信用体系建设，完善农户信用评价机制；鼓励符合条件的涉农企业开展直接融资，积极发展涉农金融租赁业务
2012 年 6 月	《中国银监会办公厅关于农村中小金融机构实施富民惠农金融创新工程的指导意见》（银监办发〔2012〕189 号）	顺应农村金融市场竞争格局和农村金融服务需求变化，围绕富民惠农目标，推进农村金融产品服务创新，创新低成本、可复制、易推广的金融产品和服务方式，提高风险防控水平，持续满足多元化、多层次的农村金融服务需求，促进农业增产、农民增收和农村经济发展
2013 年 1 月	《中共中央 国务院关于加快发展现代农业进一步增强农村发展活力的若干意见》（中发〔2013〕1 号）	创新金融产品和服务，加大新型生产经营主体信贷支持力度；加强财税杠杆与金融政策的有效配合，扩大林权抵押贷款规模，加强涉农信贷与保险协作配合；改善农村支付服务条件，畅通支付结算渠道
2013 年 2 月	《中国银监会办公厅关于做好2013 年农村金融服务工作的通知》（银监办发〔2013〕51 号）	加大涉农信贷投放，推进涉农银行业金融机构体制机制改革，支持新型农业生产经营组织发展，做好城镇化建设配套金融服务，提高薄弱地区金融服务水平；推进"金融服务进村入社区""阳光信贷""富民惠农金融创新"三大工程，扩大农村金融服务覆盖面；加强涉农信贷风险管控，保障农村金融机构可持续发展
2014 年 1 月	《中共中央 国务院关于全面深化农村改革加快推进农业现代化的若干意见》（中发〔2014〕1 号）	强化金融机构服务"三农"职责；发展新型农村合作金融组织；加大农业保险支持力度
2015 年 1 月	《中共中央 国务院关于加大改革创新力度加快农业现代化建设的若干意见》（中发〔2015〕1 号）	不断深化农村金融改革创新，推动金融资源继续向"三农"倾斜；鼓励各类商业银行创新"三农"金融服务，提高农村信用社资本实力和治理水平；鼓励开展"三农"融资担保业务，支持银行业金融机构发行"三农"专项金融债

续表

时间	文件名	主要内容及政策意图
2015 年 3 月	《中国银监会办公厅关于做好2015 年农村金融服务工作的通知》（银监办发〔2015〕30号）	执行农村金融服务政策和"有扶有控"的差别化信贷政策，加大"三农"信贷投放力度，扩大"三农"专项金融债发行规模；深入推进涉农银行业金融机构体制机制改革，强化"三农"服务能力建设；丰富农村金融服务主体，提升农村金融竞争充分性；大力发展农村普惠金融，全面提升农村金融服务质效；围绕建设现代农业加强金融支持，促进农业发展方式加快转变；强化农村金融差异化监管，有效支持农村实体经济发展
2016 年 1 月	《中共中央 国务院关于落实发展新理念加快农业现代化实现全面小康目标的若干意见》（中发〔2016〕1 号）	构建多层次、广覆盖、可持续的农村金融服务体系，发展农村普惠金融，降低融资成本，全面激活农村金融服务链条；引导互联网金融、移动金融在农村规范发展；强化农村金融消费者风险教育和保护；完善中央与地方双层金融监管机制，切实防范农村金融风险
2016 年 2 月	《中国银监会办公厅关于做好2016 年农村金融服务工作的通知》（银监办发〔2016〕26号）	补足金融服务短板，实现涉农信贷投放持续增长；深化农村信用社改革，发挥支农主力军作用；加大对"三农"的金融资源配置，提升专业化服务水平
2017 年 1 月	《中共中央 国务院关于深入推进农业供给侧结构性改革加快培育农业农村发展新动能的若干意见》（中发〔2017〕1号）	支持金融机构增加县域网点，适当下放县域分支机构业务审批权限；鼓励金融机构积极利用互联网技术，为农业经营主体提供小额存贷款、支付结算和保险等金融服务；稳步扩大"保险＋期货"试点，积极推动农村金融立法
2018 年 1 月	《中共中央 国务院关于实施乡村振兴战略的意见》（中发〔2018〕1 号）	通过确保财政投入持续增长、拓宽资金筹集渠道、提高金融服务水平等措施，强化乡村振兴投入保障
2019 年 1 月	《中共中央 国务院关于坚持农业农村优先发展做好"三农"工作的若干意见》（中发〔2019〕1 号）	健全农业信贷担保费率补助和以奖代补机制，扩大农业大灾保险试点和"保险＋期货"试点；打通金融服务"三农"各个环节，制定商业银行"三农"事业部绩效考核和激励的具体办法；降低"三农"信贷担保服务门槛，支持重点领域特色农产品期货期权品种上市
2019 年 3 月	《中国银保监会办公厅关于做好2019 年银行业保险业服务乡村振兴和助力脱贫攻坚工作的通知》（银保监办发〔2019〕38 号）	拓宽抵质押物范围和风险缓释渠道，优化服务流程和方式，扩大保险产品试点范围；加大银行保险机构乡村服务融合力度，简化空白地区机构设立程序，推进基础金融服务网点建设

时间	文件名	主要内容及政策意图
2020 年 1 月	《中共中央 国务院关于抓好"三农"领域重点工作确保如期实现全面小康的意见》（中发〔2020〕1 号）	鼓励商业银行发行"三农"、小微企业等专项金融债券。落实农户小额贷款税收优惠政策；稳妥扩大农村普惠金融改革试点，加快构建线上线下相结合、"银保担"风险共担的普惠金融服务体系；优化"保险＋期货"试点模式，继续推进农产品期货权品种上市
2021 年 1 月	《中共中央 国务院关于全面推进乡村振兴 加快农业农村现代化的意见》（中发〔2021〕1 号）	坚持为农服务宗旨，持续深化农村金融改革；推动农村金融机构回归本源，鼓励银行业金融机构建立服务乡村振兴的内设机构；发展农村数字普惠金融；鼓励开发专属金融产品支持新型农业经营主体和农村新产业新业态；健全农业再保险制度，发挥"保险＋期货"在服务乡村产业发展中的作用

资料来源：根据《中国金融年鉴》各年政策及大事记、中国人民银行和银保监会等网站提供的政策信息整理。

第二节 农村金融发展与农民收入增长的联系机制

对中国农村金融市场供求关系问题的考察，需要在分散的小农经济结构的背景下①，从农村金融供给主体和需求主体的经济行为及其内在联系与矛盾进行研究。本节试图构建一个基本的理论分析框架，从而在农户信用、技术创新、农村金融、农民收入增长之间建立内在联系机制；并在此基础上，推导出农村金融发展与农民收入增长之间的关系。

一、麦金农模型

这里借鉴陈雨露（2010）的做法，利用麦金农模型来进行基本描述。②

---

① 小农经济具有四个基本特征：第一，农户是小块土地的所有者和经营者；第二，农户使用落后的生产工具和传统技术；第三，农户生产具有自给性；第四，农户生活水平低下。

② 麦金农模型是对投资机会"分割性"的费雪模型的扩展，表明在投资"不可分割性"不可忽略的条件下，贫困和缺乏借款融资能力会阻碍农业生产的技术创新。在这种情况下，相对于内部积累不足，外部信贷可以有效改善消费并提高生产效率。

我们首先用两周期的费雪模形（见图3-1），来说明跨期投资和消费的分配问题。① 在图3-1中，T1T′1表示在没有发生技术创新的条件下，农户减少周期1消费以增加周期2消费的替代关系；Y1表示农户拥有的初始资金（包括周期1的当期收入和之前剩余的可消费资本）；Y2表示在周期1没有发生投资的条件下，周期2自然增长的收入；Y1或T1到左边的距离，表示动用初始资金进行当期投资的水平；T2T′2的斜率表示周期2可消费收入增量中每美元当期投资的利润；② I1和I2表示生产者的消费无差异曲线。

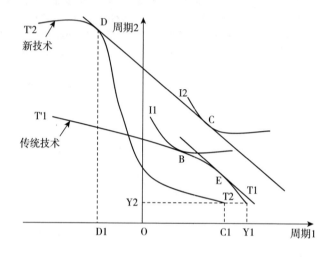

注：（1）横轴表示周期1的收入或者初始财富Y及消费C，纵轴表示周期1的投资会增加周期2的收入流量；（2）图中包括内部投资机会、企业原有资金及企业获得外部借贷的可能性。

图3-1 麦金农模型：传统投资、技术创新和信贷支持

为了说明"不可分割性"问题，麦金农假定生产者的内部投资只能使用两种不同技术：一是T1T′1代表的传统的农业技术；③ 二是T2T′2代表的新技术，即技术创新。由于需要进行T1T2投资，因此从第二种技术中获得任何产出之前，均存在一个收入缺口（该缺口与购置新技术所需要的前期投入相关）。但是，如果农户进行投资，则其耕作的收益就会很高，并且随着T2T′2

---

① 人们在周期1通常放弃消费进行投资，以扩大周期2可用于消费的产出。
② 投资轨迹向左延伸到第二象限，仅表明投资机会大于企业现有资金。
③ 对于这种技术的投资，从T1开始投资收益递减。

进入第二象限，收益才开始逐渐呈现递减趋势。

如果农户被限于内部积累，那么初始资金相对于消费需求而言是有限的，则技术选择就会发生偏离。如果使用传统技术，则在 B 点达到均衡状态，此时周期 1 和周期 2 的消费都是正数。相反，如果农户使用了先进技术形成规模经济，那么周期 1 的消费必定是负数（这是经济上的不可能事件）。在周期 1 和周期 2 中，消费必定都是正数，并且这个消费约束被严格限制在贫困经济中。因此，在消费约束和资金有限的情况下，农户被封闭在 B 点的低级技术中。

如果可以获得外部借贷，那么农户可以运用技术创新（D 点）从事高质量生产活动，加上被改善的消费（C 点），就能够打破传统生产方式。换言之，如果可以按直线 DC 的斜率①所确定的利率筹集到一定的资金规模，那么农户就能够利用这部分外部资金进行新技术投资（D1Y1）同时增加周期 1 的消费。随着个人和社会生产率的提高，农户就有能力在周期 2 归还贷款。

上述基于麦金农模型的理论分析表明，在"不可分割性"问题不可忽略的情形下，消费约束、技术封闭和信贷约束的共同作用可能导致农户长期处于低技术、低信用以及低收入的低级均衡状态。进一步挖掘麦金农模型的内涵，可以得到以下推论。

一方面，技术创新是农户收入增长的关键要素，但是新技术的利用需要金融的支持。当农户面临内部资本不足的问题时，外部借贷的可获得性就起到至关重要的作用。对于长期处于低技术投资的农户而言，外部借贷资金的支持可以有效改善其消费结构和生产效率。由此可见，农村金融发展在一定程度上能够促进农民收入增长。另一方面，农户信用的提升与农村金融机构的授信（外部信贷可获得性）之间存在相互促进的机制：如果农户克服了初始资本不足的障碍并且不断提高收入水平，那么资本和现金流的增加将会进一步提升其信用水平，从而实现农户信用提升和外部信贷可获得性之间的良性循环。

---

① 直线 DC 的斜率代表借款利率，高于传统技术条件下 B 点自我融资的边际生产率。

二、反锁定模型

在麦金农模型分析的基础上，我们进一步借鉴王永龙（2004）的做法，利用反锁定模型来分析农村金融发展对农民收入的影响机制。基本假设包括：（1）农户为一个基本生产经营单位；（2）农户生产的产品价格保持不变；（3）农户的生产规模不变。

假定农户拥有一个可观察的生产函数：

$$F = f(X_1, X_2, \cdots, X_n) \tag{3-1}$$

其中，$X_i = x_i(L_i, K_i, A_i, E_i)$。$X_i$ 表示农户生产的总产品；L_i、K_i、A_i、E_i 分别表示生产中劳动要素、资本要素、技术要素、土地要素的投入。由于之前假定农户的生产规模不变，则 E_i 为常数。如果劳动要素、资本要素、技术要素的单位价格分别为 l_i、k_i、a_i，农户所生产的产品的单位价格为 P，则农民要获得收益，必须满足下列方程：

$$PX_i \geq l_i L_i + k_i K_i + a_i A_i \tag{3-2}$$

当 P 保持不变时，农户收益的增长取决于两类因素：一是要素的投入量；二是要素的价格（单位成本）。在中国，农户在生产过程中通常投入过多的劳动要素，却投入相对较少的资本要素和技术要素。在这种低效率的均衡状态下，由于劳动具有无限供给而资本与技术供给不足，则劳动要素的成本不变或递减，而资本要素与技术要素的成本却趋于递增。也就是说，在要素投入增量中，$l_i L_i$ 是至少保持不变的增量，而 $k_i K_i$ 和 $a_i A_i$ 随着要素投入增量的增加呈现递增趋势。由于假定 P 保持不变，则在实际中会出现下列"增产不增收"[①] 现象：

$$PX_i \leq l_i L_i + k_i K_i + a_i A_i \tag{3-3}$$

根据现代发展经济学理论，在劳动充分供给的经济中，"增产不增收"效应形成的原因是资本供给不足约束下的锁定效应（见图 3-2）。

由于锁定效应形成的原因在于资本的有效供给不足，因此，给农户的生

[①] 即增量产品收入低于增量要素投入之和。

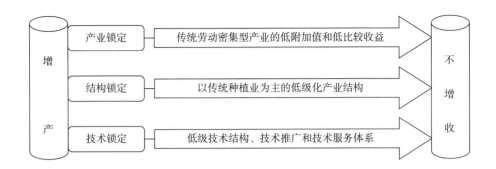

图 3 - 2　资本供给不足约束下的锁定效应

产经营注入资本支持是克服上述锁定的重要手段。而农村金融便具有显著的"反锁定"支持作用（见图 3 - 3）。

图 3 - 3　农村金融支持的反锁定效应

按照图 3 - 3 的"反锁定"原理，在农村金融的支持下，农户实现了资本要素引入与追加投资，从而其生产要素配置由"低效率均衡"向"高效率均衡"持续改进，主要体现在以下方面。生产效率增长、要素集约与效率溢出、技术或人力资源效率的溢出效应、经营产品品种的升级换代。如果假定存在农产品充分竞争的市场机制，那么农产品就依据"优质优价、劣质低价"来定价。在相对高效率均衡的状态下，劳动要素可以在不增加成本的情况下无限供给，同时资本要素和技术要素的边际成本递减。因此，在要素投入增量中，$l_i L_i$ 是至少保持不变的增量，而 $k_i K_i$ 和 $a_i A_i$ 则呈现递减趋势。在这种情况下，农户的家庭经营生产满足式（3 - 2）。也就是说，增量产品收入大于或高于增量要素成本之和，从而形成"增产增收"效应。

通过上述分析可知，农村金融发展提高农民收入的途径是：通过农村金融支持的"反锁定效应"机制，增加农民收入，从而降低贫困程度。

第三节　农村金融困境的成因及破解途径：农户信贷约束视角

通过上一节对农村金融发展与农民收入增长的内在联系机制的分析，可以进一步发现，走出当前农村金融困境、改善农户融资状况，对于提高农民收入具有重要的意义。因此，本节将从农户信贷约束的视角，分析农村金融困境的形成原因及破解途径。农户信贷约束的实质是农户获取信贷的能力受到限制，其信贷需求不能得到满足。对农户信贷约束形成原因的分析，无疑是中国农村金融发展与农民收入关系研究的核心问题之一。

一、信息不对称与农户信贷约束

假设农村金融市场中同时存在两种不同类型的农户（农户 1 和农户 2）。农户 1 具有较高的资产水平和生产投资能力，相应地，其资本边际产出效率较高；农户 2 具有较低的资产水平和生产投资能力，相应地，其资本边际产出效率较低。

在农村金融市场信息充分和对称的情况下，农村金融机构可以根据农户的类型实行"差别授信"策略①。但是，当农村金融市场中存在信息不对称问题时，农村金融机构便无法区别不同农户的类型。这时，根据一般博弈理论，农村金融机构只能根据经验判断得出不同种类农户的大致分布概率然后统一采取"混合均衡"策略。

在农村金融市场信息不对称的情况下，农村金融机构无法采用"差别授信"的方式对不同类型农户进行合理的信贷额度分配，因此，农户 2 部分挤

---

① 这里的"差别授信"策略是指，农村金融机构给予农户 1 较多的信贷支持，而给予农户 2 较少的信贷支持；"差别授信"策略类似于微观经济学中的价格歧视，即当不存在信息问题时，金融机构可以制定分层次的授信策略，从而实现收益最大化和信贷结构最优化。

占了农户 1 的信贷额度，导致农户 1 的融资缺口变大从而面临更大的信贷约束。也就是说，在"混合均衡"策略下，农村金融机构的信贷投放导致生产投资能力较高的农户面临更大的信贷缺口，而这种以低边际生产能力替代高边际生产能力的金融资源分配方式，不但牺牲了效率而且扩大了风险，进而不利于农业生产和投资升级。

在农村金融市场中，农户 1（具有较高的资产水平和边际产出效率）所占的比例越大，则农村金融市场的发展基础和潜力越大。当农村金融市场中存在信息不对称问题时，该比例越高，表明区域经济发展水平越高，则农村金融机构在"混合均衡"策略下的授信度越高，农户面临的信贷约束就越小（陈雨露，2010）。

通过上述分析，可以得出以下基本推论：在信息不对称情况下，农村金融机构无法采用"差别授信"策略，只能在"混合均衡"策略下采用统一的授信额度，导致生产投资能力低的农户的融资缺口缩小，而生产投资能力高的农户面临更大的信贷约束。缓解信息不对称下信贷约束问题的基本途径是发展区域经济：区域经济发展水平越高，则农户面临的融资约束就越小。

二、可抵押物缺乏与农户信贷约束

在贷款归还问题上，农户和农村金融机构都有两种选择：农户或违约（欠贷不还），或按期还款；农村金融机构或忍受损失，或追究农户债务。假设贷款金额为 L，贷款利率为 r；追究赖账行为时，农户付出的成本为 C_1，农村金融机构付出的成本为 C_2，并且追究成功的概率为 p。则当追究违约行为时，农户的期望收益为 $[(1+r)L - C_1](1-p) + [-(1+r)L - C_1]p$；农村金融机构的期望收益为 $[(1+r)L - C_2]p + [-(1+r)L - C_2](1-p)$。显然，在理性经济人的假设下，农户只在 $[(1+r)L - C_1](1-p) + [-(1+r)L - C_1]p > -(1+r)L$ 时才会选择违约；农村金融机构只在 $[(1+r)L - C_2]p + [-(1+r)L - C_2](1-p) > -(1+r)L$ 时才会选择追究农户债务。

在不考虑交易成本等情况下，农村金融机构与农户之间存在四种博弈关系：（1）农村金融机构选择不放贷，则博弈双方的收益均为 0；（2）农村金融机构选择放贷且农户按时还款，则博弈双方的收益均为2；（3）农村金融机构放贷后，农户选择违约而农村金融机构选择追究农户债务，则博弈双方的收益均为1（追究违约行为时，双方均付出了一定的成本）；（4）农村金融机构放贷后，农户选择违约而农村金融机构选择忍受损失，则农村金融机构的收益为 -2，而农户的收益为2。

显然，在经过利益权衡后，如果农户违约，理性的农村金融机构必然会选择追究农户债务；而理性的农户将违约与按时还款的收益进行比较后，会选择按时还款。因此，博弈的均衡状态是：农村金融机构放贷，农户按时还款。此时，博弈双方的收益均为2。

但是，在现实经济生活中，交易费用往往不为零，而且农户普遍缺少金融机构需要的抵押物①，因此，农村金融机构追究农户债务的成本通常较高且追究成功的概率很低。由此可见，即使农户违约，农村金融机构也只能选择忍受损失。在这种情况下，农村金融机构便会选择"少贷"或者"不贷"，从而产生"惜贷"现象。

通过农村金融机构和农户在贷款归还问题上的动态博弈分析可知，可抵押物缺乏是农户信贷约束形成的重要原因之一。

三、农业收益率低与农户信贷约束

张劲松（2010）通过信贷合约交易模型的分析，指出为了促使农户与农村金融机构之间达成信贷交易，则必须满足下列约束条件：

$$(R_a - 1)L^* \geqslant R_i L^* + W \qquad\qquad (3-4)$$

其中，R_a 表示农户向农村金融机构借入一定资金（L）从事农业生产而获得的农业收益率；R_i 表示农户投资于非农领域的收益率；W 表示农户从事非农活动而获得的工资性收入；L^* 表示农村金融机构贷款给农户的最优解。

那么式（3-4）均衡解存在的必要条件是，农业生产的收益不小于农村

---

① 为了预防农户违约，农村金融机构放贷通常要求抵押物。但农户可用来抵押的物品主要是土地、房屋和农机具等，而农村金融机构可能不愿意接受这些抵押物。农户的这些抵押物对金融机构而言无效的原因是执行成本太高，或者近乎不可执行（周立，2010）。

金融机构贷款的机会成本与农户从事农业生产的机会成本之和。但是，从中国农业的发展状况来看，传统农业仍然占据主导地位，农业生产的收益率比较低是一个不争的事实。信贷合约交易模型的分析表明，农户信贷约束的根本原因在于现阶段农业收益率较低。传统农业并没有为现代农村金融提供充分的交易空间。

四、农户信贷约束的破解途径

图3-4是对上述农户信贷约束成因分析的总结，显示了农户信贷约束的形成过程：信息不对称、可抵押物缺乏和农业收益率低等问题的存在，导致了农村金融市场在自然发育状态下的"市场失灵"[1] 和"负外部性"[2]，这为政府介入提供了充分的理由。而政府介入之后，往往依赖于一个"自上而下"的供给主导型农村金融体系，无法克服信息不对称、可抵押物缺乏和农业收益率低等问题，从而导致了"政府失灵"，并最终导致农户信贷约束的形成。

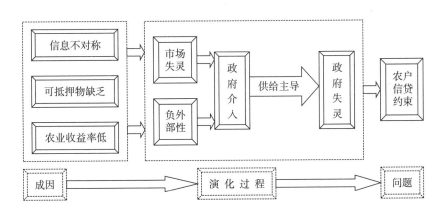

图3-4 农户信贷约束的形成过程

通过上述分析，我们认为，解决农户信贷约束问题的重要途径有以下三条：一是发展区域经济，发挥其"信号显示"作用，从而缓解信息不对称下的信贷约束问题；二是建立健全多层次农村金融服务抵押担保体系，充分发

---

① 虽然人们知道把资金配置到农村比配置到城市更重要，但是市场配置的结果却相反。
② 农村融资困难导致了相关的社会成本，如农村社会稳定、农业生产投资和政策运行等。

挥抵押担保机制对农村经济金融发展的促进作用；三是转换农业经营模式和组织形式，促进传统农业向现代农业转变，推动农村产业结构不断优化，从而提高农业收益率。

第四节　本章小结

本章对农村金融发展与农民收入增长关系进行了理论解释。在制度背景分析的基础上，剖析了农村金融发展与农民收入关系的内在机理，并进一步探讨了农户信贷约束的形成原因及破解途径。本章认为，农村金融改革必须以效率为目标，因地制宜地推动制度变迁，以适应传统农业向现代规模农业和特色农业转变的需要，从而真正建立有利于提高农民收入的现代农村金融制度；在"不可分割性"不可忽略的情形下，消费约束、技术封闭和信贷约束的共同作用可能导致农户长期处于低技术、低信用以及低收入的低级均衡状态，而农村金融发展可以通过农村金融支持的"反锁定效应"机制来增加农民收入；信息不对称、可抵押物缺乏和农业收益率低是农户信贷约束形成的主要原因，相应地，农户信贷约束的破除也应该从这三个方面着手。以上只是对农村金融发展与农民收入关系的理论分析，进一步的实证检验将在第五章进行论证。

第四章　农村金融发展与农民收入的
历史和现状分析

本章首先根据现代金融发展理论的一套较为完善的指标体系，概括了我国农村金融发展状况，从而揭示出农村金融体系金融功能的发挥状况；其次基于农村固定观察点和问卷调查所得的数据，考察了农村金融市场中农户融资的基本特征，反映农户融资难问题；最后分析了农民收入水平的变迁过程及特征，说明农民收入问题的性质已经发生根本性改变。

第一节　农村金融发展概况

本节依据现代金融发展理论的一套较为完善的指标体系，对我国农村金融发展状况进行概括和分析，从而揭示了农村金融体系金融功能的发展状况。

一、金融市场结构：集中度与进入壁垒

（一）市场集中度

金融机构的市场集中度可以在一定程度上反映金融发展水平（戈德史密斯，1969）。图 4 - 1 显示了 1997—2018 年农村信用社在农业贷款、乡镇企业贷款和农村贷款中所占的份额，从中可以看出，农村信用社在农村信贷市场中处于垄断地位。农村信用社的垄断性质比较复杂，集行政垄断、自然垄断和市场垄断于一体。首先，农村信用社属于国家的一种制度性安排，因此这是一种行政垄断；其次，农村信用社处于农村金融的最基层，其网点众多并且分布广泛，因此具有部分自然垄断的特征；最后，农村信用社作为商业银

行主动撤离后的"遗弃物"，其垄断部分属于市场行为的结果，也可以说，这是一种市场垄断。1998 年，根据《国有独资商业银行分支机构改革方案》①的要求，四大国有商业银行开始大幅撤并县域农村分支机构。1998—2001 年，四大国有商业银行撤并境内分支机构和营业网点数约 4.4 万个，其中，中国农业银行撤并的营业网点数量最多，并且被撤并的机构大多在县以下的农村地区。2003 年 11 月，时任中国银监会副主席唐双宁指出，四大国有商业银行"减员增效"的具体数字是：1998—2002 年，精简机构约 4.5 万个（县支行约 1800 个），净减少人员约 27 万人（从 168 万人下降至 140 多万人）。四大国有商业银行大幅退出县域经济之后，农村信用社在农村金融市场上"一枝独大"的地位得到了进一步巩固。

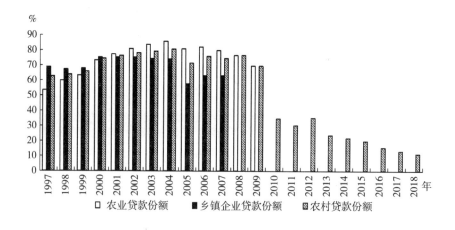

注：1. 数据根据《中国金融年鉴》（1998—2019 年）整理；2. 2008—2009 年农村信用社乡镇企业贷款的数据缺失；3. 1997—2009 年的农村贷款为农业贷款与乡镇企业贷款之和，《中国金融年鉴》（2011 年）的统计口径开始发生变化，仅公布农村贷款数据，不再细分农业贷款与乡镇企业贷款，因此图中未显示 2010—2018 年农业贷款与乡镇企业贷款的具体数据。

图 4－1　农村信用社在农村信贷市场的份额（1997—2018 年）

由图 4－2 可见，2010—2018 年农村信用社的农村贷款份额呈现递减趋

---

① 该方案对四大国有商业银行撤并的具体要求是：按照银行工作人员的数量和吸收的存款额，人均存款额小于 50 万元的营业网点全部撤销，50 万～100 万元的营业网点部分撤销，100 万～150 万元的营业网点合并。

势，说明农村信用社在农村信贷市场中的垄断地位开始发生改变。① 2006 年
12 月 20 日，中国银监会发布《关于调整放宽农村地区银行业金融机构准入政
策　更好支持社会主义新农村建设的若干意见》，全国农村地区开始设立新型
农村金融机构（村镇银行、贷款公司和资金互助社）。截至 2018 年末，全国
已经设立涉农金融机构共 3913 家，其中，农村信用社 812 家、农村商业银行
1397 家、农村合作银行 30 家、三类新型农村金融机构 1674 家（村镇银行、
贷款公司、资金互助社分别为 1616 家、13 家、45 家）。② 农村信用社原本的
垄断地位被打破，农村金融市场开始逐步呈现多元化、竞争性格局。

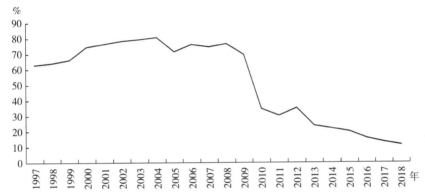

注：（1）数据根据《中国金融年鉴》（1998—2018 年）整理；（2）1997—2009 年的农村贷款为
农业贷款与乡镇企业贷款之和，自 2011 年起，《中国金融年鉴》开始专门统计农村贷款余额，并对农
村贷款进行定义③。

图 4-2　农村信用社的农村贷款份额（1997—2018 年）

（二）市场进入壁垒

农村金融市场的进入壁垒与集中度直接相关。中国农村金融市场进入壁垒

---

①　2010 年开始《中国金融年鉴》对于农村贷款余额的统计口径发生了变化，这可能是导致农村
信用社在农村信贷市场垄断地位改变的原因之一，但并不是最主要的原因。

②　数据来源于 Wind 数据库。

③　《中国金融年鉴（2013）》将农村贷款定义为：银行业金融机构发放给农村企业及各类组织和
农户的，用于满足其生产经营和消费需要的贷款。按照受贷主体不同，农村贷款可以分为农户贷款、
农村企业贷款和农村各类组织贷款；按照用途不同，农村贷款可以分为农村企业和各类组织农林牧渔
业贷款、农田基本建设贷款、农产品加工贷款、农业生产资料制造贷款、农用物资和农副产品流通贷
款、农业科技贷款、农村基础设施建设贷款以及其他贷款。

的一个鲜明特征是国家对非正规金融的打击。20世纪90年代中后期以来，非正规金融受到严格管制甚至取缔。1995年5月，《商业银行法》规定："未经国务院银行业监督管理机构批准，擅自设立商业银行，或者非法吸收公众存款、变相吸收公众存款，构成犯罪的，依法追究刑事责任，并由国务院银行业监督管理机构予以取缔。"1997年亚洲金融危机后，国家加大了对各种非正规金融活动的打击力度。1998年6月，《非法金融机构和非法金融业务活动取缔办法》规定："取缔任何非法金融机构和非法金融业务活动。"1999年1月，为了消除农村合作基金会的竞争对农村信用社经营的冲击，国家正式宣布撤销农村合作基金会，并对其进行了清算。以上法规将许多未经批准设立的非正规金融组织和行为视为非法，非正规金融的生存空间因此受到限制。

随着四大国有商业银行大规模撤出农村金融市场，以及国家对非正规金融组织和行为的限制，农村信用社逐渐成为农村金融市场的垄断者。但是，由于农村信用社的资金规模有限，难以承担农村金融供给的重任，农村经济发展出现了"金融真空"的不利局面。这种极高寡占型的农村金融市场结构既牺牲了竞争的效率，又不能带来规模经济（姚耀军，2006）。

直到2006年底，中国银监会为了解决农村地区银行业金融机构网点覆盖率低、竞争不充分、金融供给不足等问题，开始调整和放宽农村地区银行业金融机构准入政策，降低准入门槛，加大政策支持，从而推动农村地区形成覆盖全面、种类多样、服务高效、投资多元、治理灵活的农村金融服务体系，以提升农村金融服务质量与效率。

二、金融工具相对规模[①]：货币化程度与金融相关率

（一）货币化程度

金融发展的第一个或基础性的衡量指标是货币化程度（彭兴韵，2002），

---

① 金融工具相对规模，即金融工具相对于经济总量的规模，该指标体现了金融与经济的匹配状况，从而反映了金融深化或金融发展程度。

因为金融发展首先是货币化程度的加深，经济货币化也是金融深化的基础。从收支形态的结构来看，农村经济货币化表现为农村居民货币收支占其总收支的比重情况。表4-1显示了我国农村居民收支形态的结构，从中可以看出，农村居民现金收入占总收入的比重及现金支出占总支出的比重均呈现递增趋势，说明农村经济货币化程度不断加深。[1] 进一步地，通过地区间的比较可以发现，农村经济货币化程度存在显著的地区差异，东部地区的货币化程度要明显高于中部地区和西部地区。

表4-1　　　　　　　　　　　农村居民收支形态

年份	现金收入占总收入的比重（%）				现金支出占总支出的比重（%）			
	全国	东部地区	中部地区	西部地区	全国	东部地区	中部地区	西部地区
1980	52.14	53.67	50.67	6.08	54.54	55.63	52.55	49.33
1985	65.30	72.14	64.22	59.06	68.22	74.16	66.33	59.84
1990	68.33	73.75	65.72	61.27	70.74	78.05	68.78	62.27
1995	68.25	73.12	64.48	63.11	72.29	76.60	71.85	64.12
2000	75.70	82.81	71.83	67.79	80.70	86.67	78.32	72.24
2005	84.55	90.49	82.13	76.09	86.44	91.64	85.50	77.29
2006	85.61	90.78	83.29	78.59	87.66	92.20	86.95	79.48
2007	85.62	90.92	83.15	78.69	88.23	92.60	87.80	80.20
2008	85.62	90.73	83.56	78.66	88.88	93.19	88.80	81.09
2009	88.12	92.42	86.97	81.17	89.91	93.43	89.73	83.57
2010	88.51	92.67	87.25	81.65	90.37	93.78	90.14	83.99
2011	88.90	92.92	87.53	82.13	90.83	94.13	90.55	84.41
2012	89.29	93.17	87.81	82.60	91.29	94.48	90.96	84.82
2013	89.68	93.42	88.09	83.08	91.75	94.83	91.36	85.24
2014	90.07	93.67	88.37	83.56	92.21	95.18	91.77	85.65
2015	90.46	93.92	88.65	84.04	92.67	95.54	92.18	86.07
2016	90.86	94.17	88.93	84.51	93.13	95.89	92.59	86.48
2017	91.25	94.42	89.21	84.99	93.59	96.24	92.99	86.90
2018	91.64	94.67	89.49	85.47	94.05	96.59	93.40	87.32

资料来源：根据《中国农村住户调查年鉴》（2007—2019年）整理计算而得。

---

[1]　在现行农村居民收支形态的统计资料中，现金收支与实物性收支相对应，因此，文中现金的统计口径大于 M_0。

（二）金融相关率

自从戈德史密斯（1969）提出用金融资产与国内生产总值的比率来衡量金融发展状况后，金融相关率这一指标被广泛应用于金融发展的分析中。张杰（1995）指出金融相关率的完整表达式是 $(M_2 + L + S)/GNP$，其中，M_2 表示广义货币存量，L 表示各类贷款，S 表示有价证券。姚耀军（2006）在该表达式的基础上，把农村相关数据引入分子中，并且以农村地区生产总值作为分母，从而计算出我国农村的金融相关率。按照戈德史密斯（1969）对金融结构[①]的划分方法，如果金融相关率介于 1/5 和 1/2 之间，则金融结构处于初级阶段；如果金融相关率为 1 左右，则金融结构处于高级阶段。根据姚耀军（2006）的研究结果（农村金融相关率在 60% 左右），我国农村金融发展基本上刚刚越过初级阶段。

考虑到金融机构的货币创造及金融资产的重复计算问题，我们参照姚耀军（2006）的做法，剔除金融机构在农村的金融资产（农村贷款），用农村居民的金融资产作为金融相关率的分母，并且用农村居民纯收入作为金融相关率的分子，从而计算出农村居民层次上的金融相关率（货币化率）。由图 4-3 可知，农村居民层次上的金融相关率在 1995—2015 年出现了一定程度的波动，但总体上呈现上升趋势；[②] 同时，金融相关率具有显著的区域差异，东部地区的金融相关率明显高于中部地区和西部地区。

三、金融机构：空间结构与财务状况

Gurly 和 Shaw（1979）指出，金融发展的一个表现是金融机构种类的增加。但是，我国农村最主要的金融机构基本上囿于三种，即农村信用社、中国农业银行和中国农业发展银行。因此，下文主要对这三类农村金融机构的空间分布状况和盈利水平进行分析。

---

① 金融结构是指金融工具和金融机构之和（戈德史密斯，1969）。

② 2003 年出现了结构性的变化，该年的变动幅度明显与其他年份不同，其原因可能是当年的统计口径发生了变化。

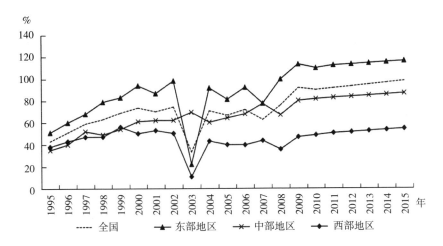

注：（1）数据根据《全国农村社会经济典型调查数据汇编（1986—1999 年）》《全国农村固定观察点调查数据汇编（2000—2009 年）》《全国农村固定观察点调查专题报告汇编（2002—2015年）》整理计算而得；（2）农村居民金融资产由农户存款余额和手存现金余额构成；（3）农村居民纯收入的计算公式为：纯收入＝家庭全年总收入－家庭经营费用－向国家缴纳税金－上交村组集体；（4）金融资产和纯收入均为人均值，以剔除人口变化的影响。

图 4 - 3　农村居民层次上的金融相关率

（一）空间结构

金融活动像其他经济活动一样，需要在特定的区域空间内展开。金融组织的空间结构能够直接反映经济运行的区域性特征；同时，经济运行的区域化会反作用于金融组织的运行，主要表现为金融组织运行的空间区域特点。农村金融组织的空间结构是农村金融制度演进与农村金融发展的现实体现。农村金融组织的空间结构，是在金融发展过程中内外因素的共同作用下逐渐形成与演变的结果。农村金融组织在内部结构和区域层面上具有一定的差异，其空间结构将会对金融组织的行为和运行绩效产生影响。

衡量金融机构分布情况的方法主要有两种：一种是"自然算法"，另一种是"经济算法"（张杰，1996；周立，2004）。"自然算法"是以每万人的机构数作为金融机构分布的衡量指标，而"经济算法"是以每亿元地区生产总值中的机构数作为金融机构分布的衡量指标。下面将借鉴这两种衡量方法对我国农村金融机构的分布情况进行分析。

表 4-2 显示了农村信用社、中国农业银行和中国农业发展银行的空间分布情况。按照"自然算法"，每万人农村人口中农村信用社和中国农业银行的数量分别从 1994 年的 0.592 家、0.745 家减少为 2018 年的 0.014 家、0.415 家，分别下降了 97.64%、44.30%，农村信用社数量的下降幅度明显高于中国农业银行；而 2002—2018 年，中国农业发展银行的数量相对比较稳定，并呈现逐步上升趋势，从 2002 年的 0.029 家上升为 2018 年为 0.039 家。按照"经济算法"，每亿元农村地区生产总值中农村信用社和中国农业银行的数量分别从 1994 年的 2.546 家、3.202 家减少为 2018 年的 0.005 家、0.150 家，分别下降了 99.80%、95.32%，农村信用社和中国农业银行的数量均大幅下降；2002—2018 年，中国农业发展银行的数量也呈现递减趋势，从 2002 年的 0.046 家减少为 2018 年的 0.014 家，下降幅度为 69.57%。

表 4-2　　　　　　　　　　　　　农村金融组织的内部差异

年份	"自然算法"（家/万人）			"经济算法"（家/亿元）		
	农村信用社	中国农业银行	中国农业发展银行	农村信用社	中国农业银行	中国农业发展银行
1994	0.592	0.745	—	2.546	3.202	—
1995	0.584	0.781	—	1.924	2.570	—
1996	0.584	0.774	—	1.552	2.057	—
1997	0.600	0.756	—	1.681	2.119	—
1998	0.532	0.703	—	1.197	1.582	—
1999	0.509	0.689	—	1.059	1.434	—
2000	0.465	0.625	—	0.897	1.205	—
2001	0.468	0.558	—	0.822	0.980	—
2002	0.423	0.502	0.029	0.664	0.788	0.046
2003	0.409	0.470	0.030	0.559	0.642	0.040
2004	0.434	0.410	0.030	0.493	0.465	0.034
2005	0.364	0.379	0.029	0.354	0.369	0.028
2006	0.264	0.341	0.030	0.218	0.281	0.025
2007	0.119	0.343	0.030	0.094	0.271	0.024
2008	0.071	0.342	0.031	0.046	0.223	0.020
2009	0.044	0.343	0.031	0.026	0.198	0.018

续表

年份	"自然算法"（家/万人）			"经济算法"（家/亿元）		
	农村信用社	中国农业银行	中国农业发展银行	农村信用社	中国农业银行	中国农业发展银行
2010	0.039	0.350	0.032	0.021	0.191	0.018
2011	0.034	0.357	0.033	0.018	0.184	0.017
2012	0.030	0.365	0.034	0.015	0.179	0.017
2013	0.029	0.374	0.035	0.013	0.174	0.016
2014	0.026	0.382	0.035	0.011	0.169	0.016
2015	0.023	0.392	0.036	0.010	0.165	0.015
2016	0.019	0.402	0.037	0.008	0.161	0.015
2017	0.017	0.410	0.038	0.006	0.156	0.014
2018	0.014	0.415	0.039	0.005	0.150	0.014

注：（1）数据根据《中国金融年鉴》（1995—2019 年）、《中国统计年鉴 2019》、《中国乡镇企业年鉴》（1995—2019 年）整理计算而得；（2）农村地区生产总值为第一产业增加值和乡镇企业增加值之和。

　　图 4－4 和图 4－5 进一步说明了农村信用社和中国农业银行空间分布的区域差异情况。按照"经济算法"，每亿元农村地区生产总值设置的农村信用社和中国农业银行机构数量，从东部地区到中部地区再到西部地区依次递减。但是，按照"自然算法"，每万人农村人口设置的农村信用社和中国农业银行机构数量，不存在显著的地区差异。由此可见，我国农村金融机构在地区上的分布是按照"自然算法"设置，而不是按照"经济算法"设置。这一结论验证了张杰（1996）的"国有金融组织空间均齐分布"假说。

　　从理论上讲，金融市场范围及其活动规模的区域差异，在一定程度上决定了金融组织在空间上的非均齐分布及金融发展的绩效水平。地区的经济发展水平往往与金融组织的密度正相关。一个地区的经济发展水平越高，其金融组织的密度就应该越大，从而设置的金融机构数量就越多。也就是说，农村金融组织应该按照"经济算法"设置，以此决定机构的数量。[1] 但是，我国四十多年来的农村金融体制改革是在政府主导下、自上而下的制度变迁。政府过多的行政干预导致农村金融组织结构的设置实际上依附于国家行政体

――――――――――

　　[1]　由于经济活动规模和市场范围较大的地区（如我国东部地区）对多样化的金融交易工具和提供相应服务的更加复杂的金融组织的需求更大，因此，这些地区应该设置更多的金融机构。

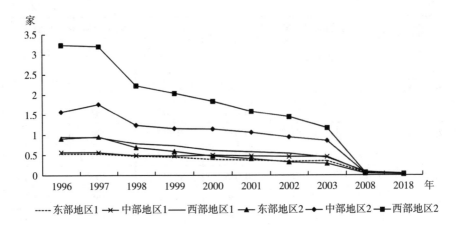

注：（1）数据根据《中国金融年鉴》（1997—2019 年）、《新中国六十年统计资料汇编》、《中国乡镇企业年鉴》（1997—2019 年）、《中国银行业农村金融服务分布图集》、各省份统计年鉴（1997—2019 年）整理计算而得；（2）东部地区 1 表示"自然算法"，东部地区 2 表示"经济算法"，依此类推，下同。

图 4 - 4　农村信用社空间分布的区域差异

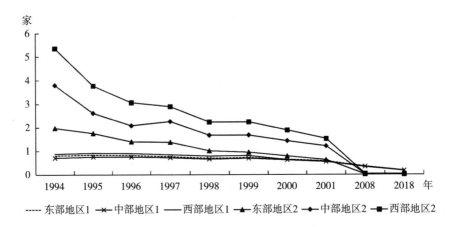

［资料来源：根据《中国金融年鉴》（1995—2019 年）、《新中国六十年统计资料汇编》、《中国乡镇企业年鉴》（1995—2019 年）、《中国银行业农村金融服务分布图集》、各省份统计年鉴（1995—2019 年）整理计算而得］

图 4 - 5　中国农业银行空间分布的区域差异

系；同时，地方政府的介入又导致各个地区之间相互复制金融机构种类和金融发展模式。因此，我国农村金融组织在地区空间上的分布是按照"自然算法"（农村人口数量）进行设置，而不是按照"经济算法"（或效率原则）进行设置。但是，在我国落后的农村地区按照"自然算法"设置农村金融机构，会导致人为设置的农村金融机构过多。而这些过多的农村金融机构就会充当落后地区资金的"抽水机"，反而加剧了落后地区的资金流失。[①]

（二）财务状况

农村金融机构的财务状况不但能够反映金融组织自身的效率，还能够反映金融机构可持续发展的能力。下面主要对农村金融机构的盈利水平、风险水平与抗风险能力进行分析。

1. 盈利水平。原银监会公布的资料显示，2004 年农村信用社全行业（包括农村商业银行和农村合作银行）首次实现了年度统算盈余，结束了自 1994 年以来持续亏损的局面。2004 年，农村信用社全行业的盈余金额为 104.62 亿元，其中有 26245 家实现盈余，盈余面为 81%。农村信用社自 2004 年实现统算盈利之后，至 2010 年已经连续 7 年利润保持大幅增长，这说明农村信用社改革已经取得了一定进展。农村信用社 2004 年之前历年亏损的原因可能是自身经营管理不善和地方政府行政干预。但 2003 年深化农村信用社改革试点以来，国家的政策扶持改善了农村信用社的经营状况；农村信用社在农业贷款大量增加，促进农业发展与农民收入增长的同时，还有效地促进了其收贷水平和收息水平的提高。

表 4-3 显示了 1996—2018 年中国农业银行和中国农业发展银行盈利水平的变化趋势。结合图 4-6 可以看出，1996—2007 年中国农业银行与中国农业发展银行的盈利水平很低，甚至有些年份的净利润为负值。中国农业银行盈利水平低，一方面与国有商业银行主要依赖利差收入的盈利模式有关，另一方面与中国农业银行承担着农村政策性金融业务（如农业综合开发、农村扶贫和农业基础设施建设等）有关。中国农业发展银行作为政策性银行，承担

[①]　张杰（1996）指出，"金融"是具有"嫌贫爱富"性质的奢侈品，时刻都在进行成本与收益比较。

了部分财政职能，它不以盈利为目标，而是以保本微利为经营目标，因此其盈利水平也比较低。2008—2014年，中国农业银行的盈利水平增长迅猛（七年净利润率分别为0.74%、0.73%、0.93%、1.05%、1.10%、1.14%、1.13%）；2015年开始，中国农业银行的盈利水平开始有所回落，但净利润率仍保持在1%左右。近年来，中国农业银行盈利水平的提升主要来自成本费用的控制和生息资产占比的提高。在进行财务重组和改制后，中国农业银行的资产质量得到改善，管理制度也不断完善，多种因素共同促进其盈利快速增长。

表4-3　　　　中国农业银行和中国农业发展银行的盈利水平

年份	中国农业银行			中国农业发展银行		
	净利润（亿元）	总资产（亿元）	净利润率（%）	净利润（亿元）	总资产（亿元）	净利润率（%）
1996	21.06	14669.47	0.14	0.67	7124.49	0.01
1997	5.27	15739.47	0.03	-25.31	9233.00	-0.27
1998	-9.13	8211.67	-0.11	1.39	8211.69	0.02
1999	-3.55	7938.91	-0.04	0.49	7938.91	0.01
2000	2.97	21848.85	0.01	12.55	7708.23	0.16
2001	11.52	25279.00	0.05	1.84	7698.53	0.02
2002	28.97	29765.66	0.10	0.34	7644.72	0.00
2003	19.22	34940.16	0.06	2.10	7343.31	0.03
2004	20.03	40137.69	0.05	0.73	7496.41	0.01
2005	10.44	47710.19	0.02	0.24	8502.10	0.00
2006	52.20	53636.28	0.10	4.00	9325.62	0.04
2007	126.59	60501.27	0.21	14.71	10650.94	0.14
2008	515.91	70124.41	0.74	16.27	13546.49	0.12
2009	648.92	88811.55	0.73	22.47	16568.24	0.14
2010	956.41	103386.52	0.93	36.22	17508.16	0.21
2011	1224.60	116661.36	1.05	67.79	19534.67	0.35
2012	1447.32	131971.08	1.10	142.92	22930.79	0.62
2013	1657.80	144943.50	1.14	141.37	26226.82	0.54
2014	1789.39	158911.59	1.13	143.04	31422.10	0.46
2015	1807.74	177913.93	1.02	153.39	41823.24	0.37
2016	1840.60	195700.61	0.94	162.07	56162.57	0.29
2017	1931.33	210533.82	0.92	171.18	62062.89	0.28
2018	2026.31	226094.71	0.90	181.17	68527.77	0.26

资料来源：根据《中国金融年鉴》（1997—2019年）整理计算而得。

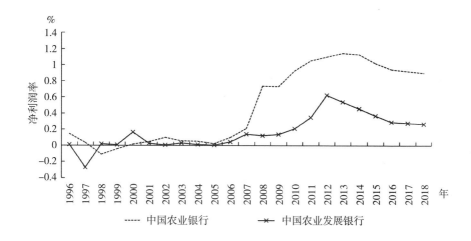

图 4－6　中国农业银行和中国农业发展银行盈利水平变化趋势

2. 风险水平及抗风险能力

不良贷款率是衡量金融机构风险水平的一个重要指标。图 4－7 显示了 2006—2018 年农村信用社、农村商业银行和中国农业发展银行的不良贷款余额及不良贷款率。按照贷款五级分类的统计口径，2006—2018 年，全国农村信用社不良贷款率分别为 27.93%、21.04%、15.94%、10.84%、11.53%、9.00%、7.80%、7.30%、7.00%、8.20%、8.00%、8.30%、10.00%；与 2006 年相比，2018 年全国农村信用社不良贷款余额减少了 5261.29 亿元，不良贷款率下降了 17.93 个百分点。纵向来看，农村信用社不良贷款余额整体呈逐年下降趋势，而不良贷款率在 2014 年降到最低点 7.00% 之后又开始呈现逐渐抬头趋势。同时横向来看，农村信用社的不良贷款率仍然比较高。2018 年农村商业银行和中国农业发展银行的不良贷款率分别为 4.90% 和 0.80%，明显低于农村信用社的不良贷款率。

进一步由表 4－4 可见，全部农村金融机构的不良贷款从 2010 年的 4812.19 亿元上升至 2018 年的 11625.00 亿元，不良贷款率从 2010 年的 4.09% 下降至 3.60%。具体来看，2010—2018 年，农村信用社的不良贷款余额和不良贷款率整体呈现下降趋势，但在 2015 年仍有回升现象，仍然需要积极化解不良贷款，进一步提高其资产质量；2011—2018 年，农村商业银行和村镇银行的不良贷款余额和不良贷款率虽然远远低于农村信用社，但是不良

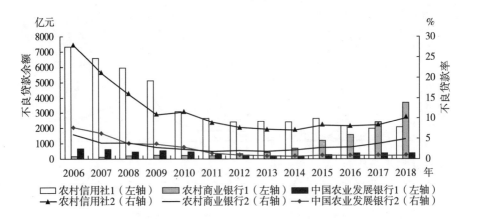

注：（1）根据中国人民银行和原银监会公布的资料、《中国金融年鉴》（2007—2018年）、Wind数据库整理计算而得；（2）农村信用社1表示其不良贷款余额，农村信用社2表示其不良贷款率，依此类推。

图4-7 2006—2018年农村金融机构不良贷款余额及不良贷款率

贷款余额和不良贷款率却在逐年抬升。整体而言，农村金融机构需要进一步加强风险控制与防范。

表4-4 2010—2018年农村金融机构涉农不良贷款余额及不良贷款率

年份	全部农村金融机构		农村信用社		农村商业银行		村镇银行	
	不良贷款余额（亿元）	不良贷款率（%）	不良贷款余额（亿元）	不良贷款率（%）	不良贷款余额（亿元）	不良贷款率（%）	不良贷款余额（亿元）	不良贷款率（%）
2010	4812.79	4.09	3069.46	11.53	—	—	—	—
2011	4256.97	2.90	2650.33	9.00	188.75	1.80	1.58	0.10
2012	4274.00	2.40	2433.00	7.80	339.00	2.00	6.00	0.30
2013	4739.93	2.30	2480.12	7.30	421.42	1.80	13.63	0.50
2014	5650.00	2.40	2433.00	7.00	665.00	2.10	31.00	0.80
2015	7956.76	3.10	2648.50	8.20	1189.89	2.80	64.18	1.40
2016	8649.00	3.10	2161.00	8.00	1554.00	2.90	93.00	1.70
2017	9744.34	3.20	1992.29	8.30	2380.12	3.70	158.04	2.50
2018	11625.00	3.60	2066.00	10.00	3663.00	4.90	232.00	3.30

资料来源：Wind数据库。

资本充足率是衡量金融机构抗风险能力的一个重要指标。中国人民银行和原银监会发布的相关资料显示，2002 年全国农村信用社（含农村商业银行和农村合作银行）和中国农业银行的资本充足率分别为 - 8.5% 和 3.14%，远远低于《巴塞尔协议》规定的最低资本充足率为 8% 的标准。但是近年来，农村信用社和中国农业银行的资本充足率得到了较大改善，原本高系统性风险的局面得到了一定的扭转。截至 2009 年末，农村信用社资本充足率达到 10.9%，比 2002 年上升了 19.4 个百分点；截至 2010 年末，中国农业银行的资本充足率和核心资本充足率分别为 11.59% 和 9.75%，比 2009 年分别提高了 1.52 个百分点和 2.01 个百分点。2013 年，农村信用社（含农村商业银行和农村合作银行）资本充足率达到 11.8%，并且多年来保持相对稳定水平。2015—2020 年，农村商业银行的资本充足率保持在 13% 左右。因此，就目前的状况来看，农村金融机构整体运营健康平稳，其平均资本充足率已经达到 8% 的监管标准，抗风险能力有所加强。

四、金融中介功能：储蓄运用

金融功能观认为，金融功能要比金融机构更加稳定，金融发展促进经济增长的效率最终体现在金融中介功能的发挥上。Levine（1996）把金融中介功能具体分为五个方面[①]，而动员和储蓄运用是最基本和最重要的功能。由于农村的投资渠道过于单一、农民具有勤俭节约的习惯以及国家信誉对存款安全性的担保作用，我国农村金融体系在农村储蓄动员上极其成功（姚耀军，2006）。但就推动农村经济和农业发展来说，应该更加注重金融中介的储蓄运用功能。因此，我们着重分析农村金融中介储蓄运用功能的发挥状况，并以此来衡量农村金融的发展水平。

这里用农业贷款余额与农业增加值之比、乡镇企业贷款余额与乡镇企业增加值之比来衡量农村金融中介功能在农业及农村工业上的发挥状况。

[①]　五个方面指获取相关投资与资源配置信息、便利风险管理、监督管理者与公司控制、动员和运用储蓄、便利经济交易。

由图 4 - 8 可知，1994—2009 年，农村金融中介功能在农业上的发挥呈现强化趋势，而在农村工业上的发挥却呈现弱化趋势；2010—2018 年，农村金融中介功能在农业和农村工业上的发挥均呈现缓慢上升趋势。由图 4 - 8 可见，农村金融中介功能在农业上得到了较好体现，但总体而言，其发挥水平仍比较低，这可能与农业低收益的产业特性相关。"三农"问题的核心是农民收入问题，而对农民收入增长状况的分析表明，工资性收入在农民收入中所占的比重越来越大，并且逐渐成为农民收入增长的主要源泉（具体分析见本章第三节）。从这层意义上讲，农村工业发展应该对农民收入增长具有重要的意义。因此，如何使金融中介功能在农村工业上得到更好体现将更值得我们关注。

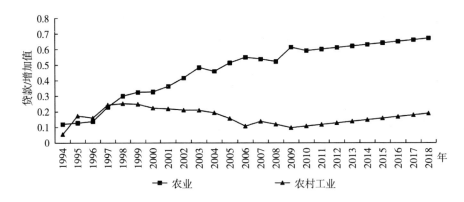

[资料来源：根据《中国统计年鉴》（1995—2019 年）、《中国金融年鉴》（1998—2019 年）、《中国乡镇企业年鉴》（1995—2019 年）整理计算而得]

图 4 - 8　农村金融中介功能在农业及农村工业上的发挥情况

下面，我们进一步采用农民从银行信用社借款的余额与纯收入之比这一指标，从农村居民层次上对金融中介功能发挥情况进行考察。由表 4 - 5 可知，农民的银行信用社贷款与纯收入的比率很低，说明对于农村居民而言，金融中介的储蓄运用功能非常微弱。其主要原因部分可能是农村金融体系的金融供给并非以农民的融资需求为导向，部分可能是农村金融机构的覆盖面较小（见表 4 - 2）。同时，由表 4 - 5 可知，农民的银行信用社贷款与其总借款的比率较小，从全国层面上看，2015 年该比值为 31.26%。这说明农村正规金融体系的金融中介功能在很大程度上被非正规金融所替代。

表4-5　　　　　农民从银行信用社所借款与其纯收入、总借款之比　　　单位：%

年份	银行信用社贷款与纯收入之比				银行信用社贷款与总借款之比			
	全国	东部地区	中部地区	西部地区	全国	东部地区	中部地区	西部地区
2000	2.43	1.75	2.57	3.94	15.50	10.20	15.75	30.64
2001	2.56	2.00	1.99	4.75	16.72	11.57	13.95	33.72
2002	2.78	2.74	1.86	4.32	19.27	16.78	13.83	32.32
2003	0.65	0.59	0.49	1.04	22.35	18.28	17.80	40.77
2004	2.36	2.79	1.59	2.63	21.84	21.73	15.93	33.16
2005	2.38	2.66	1.77	2.65	23.41	23.18	18.12	33.00
2006	2.78	2.81	2.48	3.15	28.74	25.04	25.48	47.36
2007	1.83	1.73	1.79	2.74	23.81	21.55	18.55	40.49
2008	1.88	2.68	0.99	1.37	26.44	31.97	15.11	27.40
2009	2.31	2.99	0.84	2.65	27.37	33.25	11.78	32.23
2010	1.7163	2.4667	0.5759	1.7916	31.1424	40.9638	12.7015	31.0554
2011	1.6333	2.4128	0.5400	1.6659	31.1773	40.9638	12.7015	31.0556
2012	1.5155	2.3838	0.5202	1.5698	31.1991	40.9638	12.7016	31.0557
2013	1.5169	2.2837	0.5011	1.5098	31.2169	40.9639	12.7018	31.0556
2014	1.4583	2.1723	0.4844	1.4528	31.2432	40.9639	12.7018	31.0554
2015	1.4154	2.0960	0.4718	1.4153	31.2563	40.9640	12.7019	31.0553

注：（1）数据根据《全国农村固定观察点调查数据汇编（2000—2009年）》整理计算而得；（2）银行信用社贷款为人均年末余额，农民纯收入为人均值；（3）由于全国农村固定观察点对农户贷款情况的相关数据后续未更新，因此数据仅截至2015年。

五、结论与启示

从以上对农村金融市场结构、金融工具相对规模、金融机构空间结构和财务状况、金融中介功能的分析可以看出，我国农村金融发展具有以下基本特征：一是2010年之前农村信用社在农村信贷市场中处于垄断地位，2010年之后随着农村地区银行业金融机构准入政策的调整与放宽，农村金融市场开始逐步呈现多元化、竞争性格局；二是农村货币化程度不断加深，并且存在显著的地区差异，从东部地区到中部地区、西部地区，农村货币化程度依次递减；三是就目前的状况来看，农村金融机构的不良贷款率和资本充足率等监管指标不断改善，其盈利水平和抗风险能力有了较大提高；四是农村金融中介的储蓄运用功能发挥不佳，农村正规金融体系的金融中介功能在很大程度上被非正规金融所取代。

第二节　农户融资状况

由于正规统计部门缺乏系统性的数据，关于农户金融需求的研究在很大程度上依赖于实地考察与问卷调查。鉴于此，本节主要基于农村固定观察点和问卷调查所得的数据，对农村金融市场中农户的融资状况进行分析。

一、农村固定观察点数据和问卷调查情况说明

（一）农村固定观察点数据说明

全国农村固定观察点调查系统是 1984 年经中共中央书记处批准设立的，于 1986 年正式建立并运行至今。截至 2010 年 1 月，农村固定观察点调查农户 23000 户，调查行政村 355 个；2010—2015 年，农村固定观察点调查体系进一步覆盖 23000 个农户、360 个行政村。其调查的样本遍及全国（港澳台除外）31 个省（自治区、直辖市）。全国农村固定观察点调查系统的基本任务：一是对固定不变的农户和村进行长期跟踪调查，从而取得连续数据；二是及时了解农村基层的动态信息，从而取得周密的资料；三是对农村经济社会发展进行综合分析，从而为农村问题研究和农村政策制定提供依据。

全国农村固定观察点调查系统收录了历年全部农户和调查村的汇总资料，提供了三大经济地带（东部地区、中部地区和西部地区）的汇总数据，同时对一些主要指标进行概括性分析。农村固定观察点的农区调查指标于 2003 年和 2009 年进行了两次较大的修改；2010 年以来，农村固定观察点的农区调查

指标仅做过个别修改。值得注意的是，全国农村固定观察点调查系统着重考虑对固定样本的农户和村的跟踪调查，虽然其提供的数据能够比较准确地反映农户的长期变化趋势，但是有一些指标的绝对值与全国平均水平可能有所不同。不过总体而言，农村固定观察点的数据还是能够较好地反映农户借贷行为的长期变化趋势。

（二）问卷调查情况说明

为了真实地反映当前农村金融市场中农户的融资状况，进而探究农户融资难的原因，对农户的金融需求状况进行了问卷调查。但是，由于客观条件的限制，我们仅选取浙江省具有代表性的部分县（市）进行调查。本次问卷调查的发放地分布在浙东南、浙西以及浙北地区，这些地区在经济发展水平和富裕程度上存在一定的差别。①

本次调查共向 1000 名农户发放问卷，最终回收 968 份问卷，问卷回收率为 96.8%。从家庭人口和劳动力规模来看，样本农户的平均家庭规模为 4 人/户，劳动力规模为 2.41 人/户，说明样本农户的劳动力规模偏小。从教育水平来看，共有 740 名农户具有初中或高中程度的文化水平，所占比重达到 76.84%，说明样本农户的总体文化素质较好。从农户所从事的产业情况来看，共有 403 名农户从事传统农业或兼营其他产业，所占比重达到 59.17%，说明样本中的绝大部分农户并没有完全脱离农业生产。

二、农户融资需求的基本特征

由表 4-6 可知，20 世纪 90 年代以来，随着农村经济和农业的发展，农户的存款和借款水平基本呈现递增趋势②，而存款的增加幅度明显大于借款的增加幅度。从所获得的金融服务来看，农户的金融需求主要集中在基本的存

---

① 我们所调查的县域地区分别是台州市玉环县、嘉兴市嘉善县、湖州市长兴县、衢州市江山市和丽水市龙泉市。其中，第一个地区为经济较发达县域，最后两个地区为经济欠发达县域，其余两个地区为经济中等发达县域，基本上能够反映出县域经济发展的差距。

② 在 2003 年出现了较大幅度的下降，可能是由于当年的统计口径发生了变化。

贷业务上，对股票和债券的投资极其有限。由此可见，农户的金融需求以借款需求为主。下文将分别针对农户的借款用途、贷款来源、贷款额度与期限进行分析。

表4-6   农户金融需求变化趋势   单位：元/户

年份	存款	借款	债券投资	股票投资
1995	2634.57	1012.67	3.70	12.74
1996	3453.91	1403.85	4.12	19.29
1997	4328.90	1478.67	4.91	26.71
1998	4638.97	1519.17	6.80	22.25
1999	4997.60	1740.43	14.27	69.69
2000	5771.56	1703.24	8.17	49.93
2001	5549.54	1709.31	2.25	20.98
2002	6668.07	1751.04	2.97	114.43
2003	4101.87	408.63	0.52	9.33
2004	8530.46	509.08	0.47	54.33
2005	9096.30	1820.00	0.50	44.30
2006	10446.30	1857.00	6.50	40.60
2007	38861.80	1828.10	14.00	93.80
2008	15022.05	1855.45	24.12	84.35
2009	18560.05	2244.89	11.25	67.88
2010	19250.85	2402.29	—	—
2011	20087.84	2509.97	—	—
2012	20976.20	2631.90	—	—
2013	21976.54	2766.13	—	—
2014	22908.48	2890.45	—	—
2015	23903.49	3010.98	—	—

资料来源：根据《全国农村社会经济典型调查数据汇编（1986—1999年）》《全国农村固定观察点调查数据汇编（2000—2009年）》《全国农村固定观察点调查数据汇编（2010—2015年）》整理。

（一）借款用途

按用途不同农户的借款可以分为生活性借款和生产性借款两大类。生活性借款包括上学、治病、建房等借款，生产性借款包括农业和非农业生产借款。从静态分布来看，农户的生活性借款仍大于生产性借款（2000—2015 年的平均值分别为 1255.14 元/户、934.5 元/户），也就是说，生产性借款在农户总借款中所占的比重依然不高（2000—2015 年的平均值为 44.27%）。但从发展趋势来看，农户借款的用途与所在地区的经济基础及人力资本水平有着紧密的联系。世界银行的研究发现，最贫困农户的借款主要用于生活消费或低风险生产技术投资，而贫困线以上的农户借款主要用于生产经营或高风险高回报项目投资。因此，农户的借款用途具有动态演变的特征，对其发展趋势的研究比任何时点的静态研究都更重要。

表 4 - 7　　　　　　　　　农户借款用途情况

年份	生活性借款		生产性借款	
	年内累计金额（元/户）	所占比重（%）	年内累计金额（元/户）	所占比重（%）
2000	717.33	49.45	733.33	50.55
2001	913.92	61.82	564.45	38.18
2002	674.15	47.62	741.42	52.38
2003	860.64	50.33	849.29	49.67
2004	758.90	46.63	868.56	53.37
2005	866.00	50.52	848.10	49.48
2006	1000.10	56.09	782.80	43.91
2007	999.20	54.94	819.60	45.06
2008	1174.56	51.99	1084.85	48.01
2009	1467.51	61.55	916.81	38.45
2010	1579.88	60.10	1048.93	39.90
2011	1649.80	60.11	1094.90	39.89
2012	1729.20	60.12	1146.84	39.88
2013	1816.83	60.13	1204.54	39.87
2014	1897.68	60.14	1257.67	39.86
2015	1976.50	60.14	1309.97	39.86
平均值	1255.14	55.73	954.50	44.27

资料来源：根据《全国农村固定观察点调查数据汇编（2000—2009 年）》《全国农村固定观察点调查数据汇编（2010—2015 年）》整理。

（二）借款来源

从借款来源的角度来看，农户融资的渠道主要有正规贷款和非正规借贷两种。前者是指农村信用社、农村商业银行、农村合作银行等各种农村金融机构贷款，后者是指包括民间借贷、合作基金会、私人钱庄在内的各种非正规融资来源。由表4-8可知，2003—2015年，农户借款来源构成中，非正规借贷所占的比重超过了正规贷款所占的比重，成为农户借款资金的主要来源。

表4-8 农户借款来源构成 单位：%

年份	正规贷款所占的比重			非正规借贷所占的比重		
	银行	信用社	合计	民间借贷	其他	合计
2003	15.63	17.25	32.88	66.13	0.99	67.12
2004	14.65	19.66	34.31	63.64	2.05	65.69
2005	14.68	21.10	35.78	61.77	2.45	64.22
2006	14.77	22.82	37.59	59.28	3.13	62.41
2007	11.74	26.83	38.57	58.15	3.28	61.43
2008	13.50	29.12	42.62	54.20	3.18	57.38
2009	16.63	20.46	37.09	61.68	1.23	62.91
2010	16.73	21.46	38.19	60.41	1.40	61.81
2011	16.77	21.44	38.20	60.40	1.40	61.80
2012	16.80	21.41	38.21	60.39	1.40	61.79
2013	16.82	21.40	38.21	60.39	1.40	61.79
2014	16.84	21.38	38.22	60.37	1.40	61.78
2015	16.86	21.37	38.23	60.37	1.40	61.77

资料来源：根据《全国农村固定观察点调查数据汇编（2000—2009年）》《全国农村固定观察点调查数据汇编（2010—2015年）》整理。

就农户在正规金融机构的贷款情况而言，2003—2015年，农户从银行和信用社贷款的年内累计额从562.15元/户增加到1256.36元/户。其中，农户从银行贷款的年内累计额从267.26元/户增加到553.93元/户；从农村信用社贷款的年内累计额从294.89元/户增加到702.43元/户。在农户的正规贷款中，信用社贷款所占的比重略高于银行贷款所占的比重。

就农户的非正规借贷情况而言，自1998—1999年农村合作基金会被彻底解散并清算之后，民间借贷成为农户非正规借贷的主要来源。2003—2015年，农户民间借贷的年平均值为1429.56元/户，占非正规借贷的97.13%，占所有借贷的60.44%。从民间借贷的利率分布情况来看，无息借贷与有息借贷几乎各占一半。但是从时间序列来看，2003—2007年无息借贷所占的比重逐年增加,5 年内上升了大约 20 个百分点;2008—2015 年,无息借贷所占的比重逐渐回落,从 2007 年的 81.43% 减少到 44.25%,七年间下降了 37 个百分点(见图 4-9)。这说明随着农村市场化进程的加快,农民筹资的观念开始逐渐与市场接轨,同时农村非正规金融市场的利率机制也开始发挥作用。

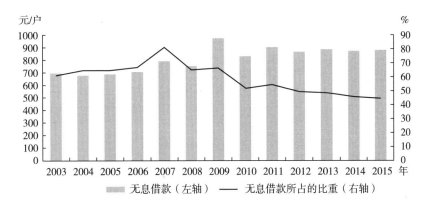

注:(1)根据《全国农村固定观察点调查数据汇编(2000—2009 年)》全国农村固定观察点调查数据汇编(2010—2015 年)》整理;(2)无息借贷金额为年内累计值。

图 4-9 民间借贷中的无息借款金额及其比重

(三)贷款额度与期限

在我们所调查的 968 名农户中,近两年曾向农村金融机构提出贷款申请的农户有 804 名,所占比重达 83.06%,说明农户的融资需求相对比较旺盛。从贷款额度来看,农户的融资需求表现出多层次性,并且以小额贷款为主。问卷调查结果显示,农户贷款的平均额度为 9.77 万元,最低额度是 0.2 万元,最高额度达 350 万元;贷款额度小于 5 万元的样本农户为 280 名,大于 5 万元小于 10 万元的农户为 136 名,大于 10 万元的农户为 283 名。可见,农户的贷款额度以小额为主。从贷款期限来看,90% 的农户都选择了期限为一年以内的贷款,说明农户融资的期限较短,以短期贷款为主。

三、农户"融资困境"及原因分析

问卷调查发现,在近两年向农村金融机构提出贷款申请的 804 名农户中,仅有76%的农户如数获得贷款。图4-10显示了5个县域地区农户向农村金融机构的融资情况，从中可以看出农户所申请贷款的额度与其实际获得贷款的额度之间存在部分缺口，甚至有一些农户根本就无法得到贷款。农户的融资需求只能得到部分满足（甚至根本无法得到满足）的现象在台州市玉环县和衢州市江山市表现得最为突出。在玉环县，农户申请贷款的额度为2858.5万元，而实际获得贷款的额度为1923.0万元，其融资缺口达935.5万元，融资缺口比达32.73%；在江山市，农户申请贷款的额度为1308.2万元，而实际获得贷款的额度为1124.2万元，其融资缺口达184.0万元，融资缺口比达14.07%。由此可见，在农村金融市场中农户普遍面临着融资难问题。更进一步地，问卷调查结果显示，农户融资难的主要原因是农村金融体系不完善以及农村信用社放贷额度不够。

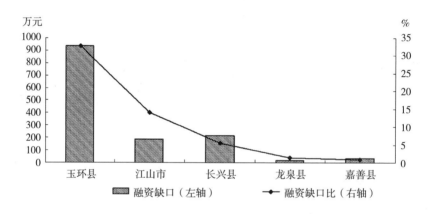

注：（1）数据根据问卷调查数据整理而得；（2）融资缺口是指农户所申请贷款的额度与实际获得贷款的额度之差，融资缺口比是指农户的融资缺口与所申请贷款额度的比值。

图4-10　农户向农村金融机构融资的情况

（一）农村金融体系不完善

农村金融体系不完善是农户融资难的最主要原因。调查问卷将农户无法申请到贷款的原因划分为六大类：可供选择金融机构少、抵押担保难、服务网点少且远、手续烦琐、资信状况不合要求、其他。由图4-11可知，在问卷调查中，选择"手续烦琐"的农户数为499名，所占比重为51.93%；选择

"抵押担保难"的农户数为 237 名，所占比重为 24.66%；选择"可供选择金融机构少"的农户数为 116 名，所占比重为 12.07%。除此之外，选择"服务网点少且太远""资信不合要求"的农户所占比重分别为 5.1%、4.47%。由此可见，"手续烦琐""抵押担保难""可供选择金融机构少"是农户融资难的最主要原因。而这些原因在根本上都可以归结为农村金融体系不完善，进而说明改革与创新现有农村金融体系对于改善农户的融资状况具有重要的现实意义。

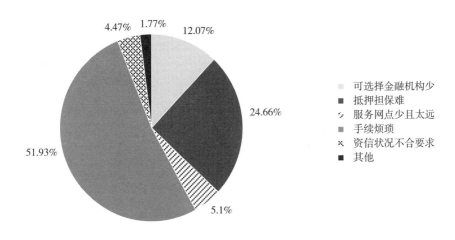

图 4 - 11　农户贷款难的主要原因

（资料来源：根据问卷调查数据整理而得）

（二）农村信用社放贷额度不够

在 968 名样本农户中，当被问及"您将收入节余存放何处"的时候，78.10% 的农户都选择了农村信用社，而选择农村商业银行和邮政储蓄银行的农户占比分别为 6.15% 和 5.92%；当被问及"目前服务您的金融机构是哪家"的时候，87.63% 的农户都选择了农村信用社，而选择国有商业银行、邮政储蓄银行和国家政策性银行的农户占比共为 10.72%。由此可见，农村信用社在农村金融市场中依然发挥着主导作用，而邮政储蓄银行等其他农村金融机构并未充分发挥相应的职能作用。通过进一步的比较，我们发现 80% 以上的农户选择存放收入节余的金融机构与获得服务的金融机构是同一家。也就是说，农户偏好于选择同一家金融机构来办理不同的金融业务。当被问及"选择该金融机构的原因"时，81.67%的农户都选择了"信誉好""服务产品适合""已与该金融机构建立良好关系"等原因。这说明农户比较注重交易成本，对农村金融机构的选择具有信誉偏好性和长期偏好性。

为了进一步探索农户的金融需求，问卷还特别调查了农户在金融机构所办理的金融业务。结果发现，绝大多数农户（占比为96.73%）的金融需求都集中在存款、贷款和汇款业务。除了存款业务，农户对贷款业务的需求也十分旺盛。但是，农村信用社作为农户的首选金融机构，却并没有完全满足农户的金融需求。相对于农户的贷款需求而言，农村信用社的放贷额度仍然不够，致使部分农户的融资需求无法得到满足。

四、结论与启示

通过对农村金融市场中农户融资状况的考察，我们发现农户的融资需求具有以下基本特征：一是从借款用途来看，生产性借款所占的比重仍然要低于生活性借款所占的比重，可见农户融资主要是为了满足生活性需要；二是从贷款来源来看，非正规借贷所占的比重超过了正规贷款所占的比重，成为农户借款资金的主要来源；三是从贷款额度与期限来看，农户融资需求表现出多层次性，农户贷款具有额度小和期限短的特点。进一步地，我们的问卷调查显示：在农村金融市场中农户普遍面临着"融资困境"问题；而农村金融体系不完善（手续烦琐、抵押担保难、可供选择金融机构太少）以及农村信用社放贷额度不够是农户融资难的主要原因。

第三节　农民收入水平的变迁过程

农民收入是农村经济发展水平和市场化程度的综合反映。改革开放以来，随着计划经济体制向市场经济体制的转变，中国农业生产和农民生活的市场化、货币化水平大幅提高，农民获取收入的来源和途径日渐增多，导致农民收入的增长及构成出现了一些新的特征。

一、农民收入增长

表 4 - 9　　　　　　　　　　农村居民人均收入增长状况

增长阶段	年份	名义收入（元）	实际收入（元）	名义增长率（%）	实际增长率（%）
第一阶段 （缓慢增长）	1985	397.60	397.60	—	—
	1986	423.80	399.43	6.59	0.46
	1987	462.60	410.47	9.16	2.76
	1988	544.90	411.56	17.79	0.26
第二阶段 （停滞徘徊）	1989	601.50	380.94	10.39	-7.44
	1990	686.30	415.69	14.10	9.12
	1991	708.60	419.54	3.25	0.93
第三阶段 （恢复增长）	1992	784.00	443.44	10.64	5.70
	1993	921.60	458.51	17.55	3.40
	1994	1221.00	492.34	32.49	7.38
	1995	1577.70	541.42	29.21	9.97
	1996	1926.10	612.63	22.08	13.15
第四阶段 （缓慢增长）	1997	2090.10	648.50	8.51	5.85
	1998	2162.00	677.53	3.44	4.48
	1999	2210.30	703.25	2.23	3.80
	2000	2253.40	717.64	1.95	2.05
	2001	2366.40	747.68	5.01	4.19
	2002	2475.60	785.41	4.61	5.05
	2003	2622.20	818.93	5.92	4.27
第五阶段 （稳定增长）	2004	2936.40	874.97	11.98	6.84
	2005	3254.90	948.95	10.85	8.46
	2006	3587.00	1030.45	10.20	8.59
	2007	4140.40	1128.48	15.43	9.51
	2008	4760.60	1218.48	14.98	7.98
	2009	5153.20	1323.03	8.25	8.58
第六阶段 （快速增长）	2010	5919.00	1466.83	14.86	10.87
	2011	6977.30	1634.31	17.88	11.42
	2012	7919.60	1809.78	13.51	10.74

续表

增长阶段	年份	名义收入（元）	实际收入（元）	名义增长率（%）	实际增长率（%）
第六阶段（快速增长）	2013	8895.90	1977.52	12.33	9.27
	2014	10488.88	2290.40	17.91	15.82
第七阶段（增速回落）	2015	11421.71	2462.09	8.89	7.50
	2016	12363.41	2615.39	8.24	6.23
	2017	13432.43	2805.07	8.65	7.25
	2018	14617.03	2989.67	8.82	6.58
	2019	16020.67	3175.15	9.60	6.20

注：（1）数据根据《中国统计年鉴》（2010—2020年）整理计算而得；（2）1985—2013年为农村居民人均纯收入，2014—2019年为农村居民人均可支配收入；（3）名义收入消除通胀因素后（以1985为基期的农村居民消费价格指数进行消胀处理）即得实际收入。

第一阶段（1985—1988年）为缓慢增长阶段。这段时期，农民人均纯收入由397.60元增加到544.90元，每年平均名义增长率为11.18%，每年平均实际增长率为1.16%。这一时期农民收入增长缓慢的主要原因是：1985年以后，中国经济改革和发展的重心开始由农村偏向城市，农业的生产基础不稳定。与此同时，农村的非农产业尤其是乡镇企业开始快速发展，使得许多农村劳动力找到了新的就业机会，从而增加了农民的非农收入，并在一定程度上弥补了其农业收入的减少。

第二阶段（1989—1991年）为停滞徘徊阶段。这段时期，农民人均纯收入由601.50元增加到708.60元，每年平均名义增长率为9.24%，每年平均实际增长率仅为0.87%。这段时期农民收入增长的特征是波动性较大。1989年农民实际人均纯收入比1988年下降了7.44%，这是1985年以来农民实际收入的首次下降。农民人均纯收入的实际增长率在1990年达到9.12%，而1991年又下降为0.93%。这三年间，由于出现了严重的通货膨胀同时农业发展滞后，虽然农民的名义人均纯收入有所增长，但是农民的实际人均纯收入却处于停滞徘徊阶段。

第三阶段（1992—1996年）为恢复增长阶段。这段时期，农民人均纯收入由784.00元增加到1926.10元，每年平均名义增长率为22.40%，每年平均实际增长率为7.92%。自1992年起，农民收入开始走出低俗，并逐渐回升。其中，1996年农民人均纯收入的实际增长率创历史新高，达到13.15%。

这五年间，农民收入恢复增长的主要原因是：自1992年开始中国经济进入高速增长时期，同时国家增加了对农业的投入，并进一步提高了农产品的价格。

第四阶段（1997—2003年）为缓慢增长阶段。这段时期，农民人均纯收入由2090.10元增加到2622.20元，每年平均名义增长率为4.53%，每年平均实际增长率为4.23%。1997年至2003年，农民收入增长出现了减缓的势头。七年来，农民人均纯收入只有两年超过5%（1997年和2002年分别为5.85%、5.05%），其余年份均低于5%。这一时期农民收入增长缓慢主要由以下原因所致：一是亚洲金融危机爆发；二是农业发展进入新阶段，农业和农村经济结构需进行战略性调整，同时乡镇企业面临"二次创业"。

第五阶段（2004—2009年）为稳定增长阶段。这段时期，农民人均纯收入由2936.40元增加到5153.20元，每年平均名义增长率为11.95%，每年平均实际增长率为8.33%。这六年来，农村人均纯收入的实际增长率分别为6.84%、8.46%、8.59%、9.51%、7.98%和8.58%（均超过6%），这一阶段农民收入大幅增长的主要动力来自农村税费改革的深入和农业税取消等一些惠农支农政策。

第六阶段（2010—2014年）为快速增长阶段。这段时期，农民人均纯收入由5919.00元增加到10488.88元，每年平均名义增长率为15.30%，每年平均实际增长率为11.62%。这五年来，农村人均纯收入的实际增长率分别为10.87%、11.42%、10.74%、9.27%、15.82%，这一阶段农民收入快速增长的可能原因在于：国家支农惠农政策的支持力度进一步加大，农民财产性收入和转移性收入增长较快。

第七阶段（2015—2019年）为增速回落阶段。这段时期，农民人均可支配收入由11421.71元增加到16020.67元，每年平均名义增长率为8.84%，每年平均实际增长率为6.75%。这五年来，农村人均可支配收入的实际增长率分别为7.50%、6.23%、7.25%、6.58%、6.20%，这一阶段农民收入的增长速度比上一阶段有所回落，但仍处于较为稳定的增长水平。这一阶段，农民工资性收入所占的比重开始超过家庭性收入所占的比重；同时，农民的利益得到切实保护，农产品出售价格上涨推动农民收入增长。

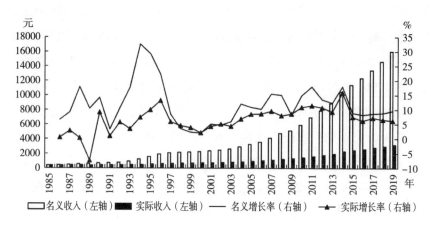

图 4 – 12　农民收入增长状况

（资料来源：根据表 4 – 9 整理）

二、农民收入结构

对农民收入状况的分析，不仅要考察收入总量的情况，更要考察收入结构的特征及变化。对农民收入来源结构、收入增长贡献结构以及收入形态结构的分析，在一定程度上可以揭示影响农民收入总量变化的因素。

（一）收入来源结构

按收入来源不同，农村居民人均纯收入（人均可支配收入）可以分成工资性收入、家庭经营纯收入、财产性收入和转移性收入。[①] 由表 4 – 10 可见，2015 年之前，四种分项收入在农民人均纯收入中所占比重大小依次为家庭经营纯收入、工资性收入、转移性收入和财产性收入，家庭经营纯收入是农民最主要的收入来源；2015 年开始，工资性收入所占的比重开始超过家庭经营纯收入所占的比重，并且转移性收入所占的比重不断提升。从农民收入来源结构的变化趋势来看，1990—2019 年，工资性收入在农民人均纯收入中所占的比重呈现逐渐递增趋势（从 1990 年的 20.22% 增加到 2019 年的 41.09%，

---

① 从 1993 年开始，《中国统计年鉴》将农村居民家庭人均纯收入分成劳动者收入、家庭经营纯收入、转移性收入以及财产性收入，并自 2001 年开始将"劳动者收入"更名为"工资性收入"。

上升了 20 多个百分点）；而家庭经营纯收入所占的比重却呈现逐渐递减趋势（从 1990 年的 75.56% 减少到 2019 年的 35.97%，下降了近 40 个百分点）；转移性收入所占的比重逐年增加（2019 年达到 20.58%），财产性收入增长幅度不是很大（基本保持在 2%～3%）。整体而言，在农民收入来源结构中，工资性收入和家庭经营纯收入对农民收入变化的影响较大，而财产性收入和转移性收入对农民收入变化的影响相对较小。

表 4－10　　　　　　　　　农村居民人均收入来源结构　　　　　　　单位：%

年份	工资性收入	家庭经营纯收入	财产性收入	转移性收入
1990	20.22	75.56	0.00	4.22
1995	22.42	71.35	2.60	3.63
2000	31.17	63.34	2.00	3.50
2005	36.08	56.67	2.72	4.53
2006	38.33	53.83	2.80	5.04
2007	38.55	52.98	3.10	5.37
2008	38.94	51.16	3.11	6.79
2009	40.00	49.03	3.24	7.72
2010	41.07	47.86	3.42	7.65
2011	42.47	46.18	3.28	8.07
2012	43.55	44.63	3.15	8.67
2013	38.73	41.73	2.06	17.47
2014	39.59	40.40	2.12	17.90
2015	40.28	39.43	2.20	18.09
2016	40.62	38.35	2.20	18.83
2017	40.93	37.43	2.26	19.38
2018	41.02	36.66	2.34	19.98
2019	41.09	35.97	2.35	20.58

资料来源：根据《中国统计年鉴》（2008—2020 年）整理计算而得。

（二）收入增长贡献结构

1996—2019 年，工资性收入和家庭经营纯收入对农民人均纯收入增长的贡献最为显著（见表 4－11）。尤其是，工资性收入对农民收入的增长产生了持续而强劲的推动作用（24 年间其贡献度均为正）。1996 年，工资性收入对农民收入增长的贡献度为 29.00%，随后其贡献度总体呈现迅速上升的趋势。

在 1999 年和 2000 年，当家庭经营纯收入出现负增长时，工资性收入对农民收入增长的贡献度均超过 100%，尤其是 2000 年其贡献度达到了 154.10%。自 2001 年开始，虽然工资性收入的贡献度有所回落，但依然是推动农民收入增长的最主要因素。由此可见，农民收入增长的贡献结构发生了本质性改变：农民收入增长逐渐由过去主要依靠家庭经营纯收入增长转变为越来越依靠工资性收入增长。由于农民工资性收入的主要来源是外出打工的劳务收入，因此这一变化趋势从侧面反映了合理配置农村劳动力、把农村剩余劳动力解放出来对于提高农民收入水平的重要意义。此外，转移性收入和财产性收入增长的波动比较大，2012 年之前贡献度较小，直到 2013 年贡献度才有所上升，因此整体而言，这两种分项收入目前尚不足以构成农民收入增长的稳定源泉。

表 4-11 　　　　　　　　　农村居民家庭人均收入贡献结构 　　　　　单位：%

年份	工资性收入		家庭经营纯收入		财产性收入和转移性收入	
	增长率	贡献度	增长率	贡献度	增长率	贡献度
1996	27.46	29.00	21.02	67.09	14.79	3.91
1997	14.13	39.76	8.09	65.18	-8.80	-4.95
1998	11.47	79.89	-0.46	-8.12	19.00	28.23
1999	9.88	113.48	-1.20	-31.75	7.61	18.27
2000	11.43	154.10	-1.46	-39.90	-5.97	-14.21
2001	9.91	62.91	2.27	27.22	8.90	9.87
2002	8.85	63.44	1.84	23.38	10.38	13.18
2003	9.30	54.36	3.68	36.11	9.21	9.53
2004	8.72	24.62	13.27	65.50	18.19	9.88
2005	17.63	56.73	5.66	28.57	22.75	14.70
2006	17.05	61.84	4.69	23.87	19.25	14.29
2007	16.11	40.06	13.61	46.51	24.60	13.43
2008	16.13	40.96	11.03	36.78	34.48	22.26
2009	11.19	52.70	3.75	21.61	19.91	25.69
2010	17.94	49.36	12.11	38.83	15.93	11.81
2011	21.90	51.63	13.74	35.22	20.87	13.15
2012	16.33	52.40	9.66	31.78	18.17	15.82
2013	5.95	8.87	11.36	18.26	96.87	72.87

年份	工资性收入		家庭经营纯收入		财产性收入和转移性收入	
	增长率	贡献度	增长率	贡献度	增长率	贡献度
2014	13.68	47.87	7.69	27.45	13.95	24.68
2015	10.79	48.64	6.28	27.72	10.41	23.64
2016	9.16	44.79	5.28	24.36	12.19	30.85
2017	9.49	44.69	6.04	26.02	11.76	29.28
2018	9.05	41.91	6.58	27.21	12.26	30.89
2019	9.80	41.78	7.53	28.12	12.64	30.10

资料来源：根据《中国统计年鉴》（1997—2020 年）整理计算而得。

（三）收入形态结构

按收入形态划分，农民收入可以分成现金收入和实物收入两部分。通过考察现金收入在农民收入中的占比，可以分析市场化水平的提高对农民收入形态的影响。图 4 – 13 显示了现金收入及其比重的变化趋势。1978—2009 年，现金收入在农民人均纯收入中所占的比重不断上升，相应地，实物收入的占比则不断下降。1980 年以前，农民的现金收入所占比重不到 50%，说明农产品商品率低下。随着农村改革的深入，农民收入形态结构发生了很大变化。1981 年，农民现金收入所占比重首次超过 50%，标志着农村经济开始摆脱自

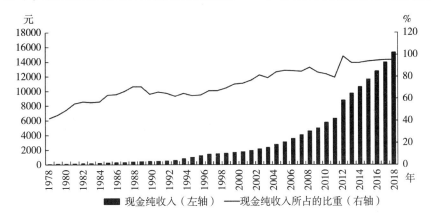

图 4 – 13　农村居民人均纯收入形态结构

［资料来源：《中国农村住户调查年鉴（2010）》《中国统计年鉴（2020）》、Wind 数据库］

然经济而逐渐向市场经济转化；1985年之后，农民现金收入所占的比重一直稳定在60%以上，2009年其比重甚至达到88.2%，2010—2018年保持进一步上升趋势。农民实物收入和现金收入的此消彼长，这在一定程度上体现了农村经济市场化程度的提高。因此，农民收入增长问题不再是如何增产，而是如何充分实现农产品的价值。从这个角度来讲，市场交易效率的提高将对农民收入水平的提高产生深刻的影响。

三、农民收入差距

（一）城乡间收入差距

城乡居民收入差距主要体现在两个方面：一是在收入总量上，农村居民远远落后于城镇居民；二是在收入增长率上，农村居民远远慢于城镇居民。从表4-12可以看出，1991—2019年，城乡居民收入差距呈扩大趋势。

表4-12　　　　　　　　　　城乡居民收入水平比较

年份	城镇居民收入增长率（%）	农村居民收入增长率（%）	城乡收入差（元）	城乡收入比（倍）
1991	12.61	3.25	992.00	2.40
1992	19.17	10.64	1242.60	2.58
1993	27.18	17.55	1655.80	2.80
1994	35.65	32.49	2275.20	2.86
1995	22.50	29.21	2705.30	2.71
1996	12.98	22.08	2912.80	2.51
1997	6.64	8.51	3070.20	2.47
1998	5.13	3.44	3263.10	2.51
1999	7.91	2.23	3643.72	2.65
2000	7.28	1.95	4026.60	2.79
2001	9.23	5.01	4493.20	2.90
2002	12.29	4.61	5227.20	3.11
2003	9.99	5.92	5850.00	3.23
2004	11.21	11.98	6485.20	3.21

年份	城镇居民收入增长率（%）	农村居民收入增长率（%）	城乡收入差（元）	城乡收入比（倍）
2005	11.37	10.85	7238.10	3.22
2006	12.07	10.20	8172.50	3.28
2007	17.23	15.43	9645.40	3.33
2008	14.47	14.98	11020.16	3.31
2009	8.83	8.25	12021.45	3.33
2010	11.27	14.86	13190.40	3.23
2011	14.13	17.88	14832.50	3.13
2012	12.63	13.51	16645.12	3.10
2013	7.74	12.33	17571.10	2.98
2014	8.98	17.91	18354.97	2.75
2015	8.15	8.89	19773.12	2.73
2016	7.76	8.24	21252.84	2.72
2017	8.27	8.65	22963.77	2.71
2018	7.84	8.82	24633.81	2.69
2019	7.92	9.60	26338.13	2.64

资料来源：根据《中国统计年鉴》（2010—2020年）整理计算而得。

从收入总量来看，1991—2019年，城乡居民收入差不断扩大，其年平均值达10051.60元；1991年和2019年城镇居民人均可支配收入和农村居民人均纯收入分别相差992.00元、26338.13元，后者是前者的26.55倍。同时，1991—2009年城乡居民收入比呈现逐年递增趋势，由1991年的2.40倍增加到2009年的3.33倍，1991—2009年的平均值达到2.91倍；2010—2019年城乡居民收入比开始缓慢下降，由2010年的3.23倍下降到2019年的2.64倍，2010—2019年的平均值为2.87倍。从收入增长率来看，1991—2009年，仅有5年农村居民收入增长率超过城镇居民，其余14年农村居民收入增长率一直低于城镇居民；2010—2019年，农村居民收入增长率开始超过城镇居民，但近五年来两者差距并不大。29年来，城镇居民人均可支配收入年均增长率为12.36%，而农村居民人均纯收入年均增长率为11.70%，城乡居民收入年均增长率相差0.66个百分点，而1999—2003年城乡居民收入年均增长率相差达5.39个百分点。

由城乡居民收入总量和增长率的差距可以看出，我国农村居民收入水平远低于城镇居民，城乡收入差距虽然有所减小，但问题仍然显著。

（二）地区间收入差距

地区间的收入差距不但体现在各地区农民收入增长的不均衡上，而且体现在各地区城乡收入水平的不均衡上。

1. 各地区农民收入增长的不均衡性。由表 4–13 可见，从东部地区到中部地区再到西部地区，农民收入水平依次递减。2005—2009 年，东部、中部、西部地区农民人均纯收入的年均值分别为 5903.44 元、3866.08、3066.02 元；东部地区农民收入水平明显高于中部地区和西部地区（比值分别为 1.53、1.93）。2015—2019 年，东部、中部、西部地区农民人均可支配收入的年均值分别为 16978.39 元、12952.72 元、10941.41 元；东部地区农民收入水平仍然明显高于中部地区和西部地区（比值分别为 1.31、1.55）。从时序来看，1980—2009 年，东部地区和中西部地区农民收入水平的差距呈逐年扩大趋势；2010—2019 年，东部地区和中西部地区农民收入水平的差距有所缩小。

表 4–13 农民收入水平的地区差距情况

年份	东部地区 （元/人）	中部地区 （元/人）	西部地区 （元/人）	东中部之比 （倍）	东西部之比 （倍）
1980	217.90	172.10	172.70	1.27	1.26
1981	271.40	220.80	201.40	1.23	1.35
1982	317.20	260.30	237.00	1.22	1.34
1983	372.60	292.90	252.50	1.27	1.48
1984	438.10	337.60	283.80	1.30	1.54
1985	470.70	374.20	316.20	1.26	1.49
1986	516.60	415.30	328.20	1.24	1.57
1987	592.20	425.30	360.20	1.39	1.64
1988	718.10	469.70	430.00	1.53	1.67
1989	805.90	525.90	464.80	1.53	1.73
1990	876.20	607.10	552.70	1.44	1.59
1991	939.10	592.00	578.10	1.59	1.62

年份	东部地区 （元/人）	中部地区 （元/人）	西部地区 （元/人）	东中部之比 （倍）	东西部之比 （倍）
1992	1038.10	658.60	625.40	1.58	1.66
1993	1270.40	772.40	704.90	1.64	1.80
1994	1697.50	1051.30	895.70	1.61	1.90
1995	2243.90	1368.00	1116.80	1.64	2.01
1996	2689.70	1709.70	1367.60	1.57	1.97
1997	2927.70	1917.10	1505.70	1.53	1.94
1998	3054.80	1977.80	1605.40	1.54	1.90
1999	3153.30	2023.30	1634.00	1.56	1.93
2000	3271.30	2077.60	1661.00	1.57	1.97
2001	3450.50	2169.50	1721.20	1.59	2.00
2002	3629.30	2278.50	1820.90	1.59	1.99
2003	3864.20	2368.70	1939.90	1.63	1.99
2004	4253.80	2692.30	2157.90	1.58	1.97
2005	4720.30	2956.60	2378.90	1.60	1.98
2006	5188.20	3283.20	2588.60	1.58	2.00
2007	5855.00	3844.40	3028.40	1.52	1.93
2008	6598.20	4453.40	3517.70	1.48	1.88
2009	7155.50	4792.80	3816.50	1.49	1.87
2010	8142.80	5509.60	4417.90	1.48	1.84
2011	9585.00	6529.90	5246.70	1.47	1.83
2012	10817.50	7435.20	6026.60	1.45	1.79
2013	11856.80	8983.24	7436.62	1.32	1.59
2014	13144.64	10011.08	8295.00	1.31	1.58
2015	14297.35	10919.01	9093.39	1.31	1.57
2016	15498.29	11794.25	9918.37	1.31	1.56
2017	16822.06	12805.77	10828.59	1.31	1.55
2018	18285.70	13954.12	11831.35	1.31	1.55
2019	19988.56	15290.46	13035.33	1.31	1.53

续表

年份	东部地区 （元/人）	中部地区 （元/人）	西部地区 （元/人）	东中部之比 （倍）	东西部之比 （倍）
1980—1984 年	323.44	256.74	229.48	1.26	1.39
1985—1989 年	620.70	442.08	379.88	1.39	1.62
1990—1994 年	1164.26	736.28	671.36	1.57	1.71
1995—1999 年	2813.88	1799.18	1445.90	1.57	1.95
2000—2004 年	3693.82	2317.32	1860.18	1.59	1.99
2005—2009 年	5903.44	3866.08	3066.02	1.53	1.93
2010—2014 年	10709.35	7693.80	6284.56	1.41	1.73
2015—2019 年	16978.39	12952.72	10941.41	1.31	1.55

资料来源：（1）根据《中国农村住户调查年鉴（2010）》、《中国统计年鉴》（2011—2020 年）整理计算而得；（2）1980—1984 年、1985—1989 年、1990—1994 年、1995—1999 年、2000—2004 年、2005—2009 年、2010—2014 年、2015—2019 年对应的值为时间区段内的均值。

图 4－14 显示了 1980—2019 年东部、中部、西部地区农民收入增长情况。我们从中可以看出，东部、中部和西部三个地区农民收入的增长均表现出明显的波动性。总体而言，东部地区农民收入增长率高于中西部地区。同时，农民收入增长速度的地区差距在 1995 年之前表现得最为显著。1995年之后，农民收入增长速度的地区差距逐渐缩小。2019 年，东部、中部、

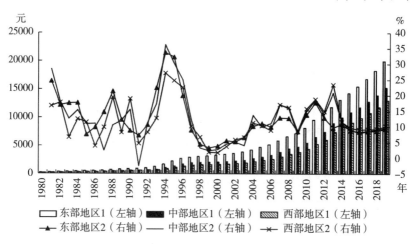

注：（1）数据根据《中国农村住户调查年鉴（2010）》、《中国统计年鉴》（2011—2020 年）整理计算而得；（2）东部地区 1 表示其农民人均纯收入，东部地区 2 表示其农民人均纯收入的增长率，依此类推。

图 4－14　农民收入增长的地区差距

西部地区农民收入增长率分别为 9.31%、9.58%、10.18%，地区差异性比较小。

2. 各地区城乡收入差距的不均衡性

表 4 - 14　　　　　东部、中部、西部三大区域城乡收入差距情况

年份	城镇居民人均可支配收入（元）			农村居民人均纯收入（元）			城乡收入差距（倍）		
	东部地区	中部地区	西部地区	东部地区	中部地区	西部地区	东部地区	中部地区	西部地区
2005	13374.9	8808.5	8783.2	4720.3	2956.6	2378.9	2.83	2.98	3.69
2006	14967.4	9902.3	9728.5	5188.2	3283.2	2588.4	2.88	3.02	3.76
2007	16974.2	11634.4	11309.5	5855.0	3844.4	3028.4	2.90	3.03	3.73
2008	19203.5	13225.9	12971.2	6598.2	4453.4	3517.8	2.91	2.97	3.69
2009	20953.2	14367.1	14213.5	7155.5	4792.8	3816.5	2.93	3.00	3.72
2010	23272.8	15962.0	15806.5	8142.8	5509.6	4417.9	2.86	2.90	3.58
2011	26406.0	18323.2	18159.4	9585.0	6529.9	5246.7	2.75	2.81	3.46
2012	29621.6	20697.2	20600.2	10817.5	7435.4	6026.6	2.74	2.78	3.42
2013	31152.4	22664.7	22362.8	11856.8	8983.2	7436.6	2.63	2.52	3.01
2014	33905.4	24733.3	24390.6	13144.6	10011.1	8295.0	2.58	2.47	2.94
2015	36691.3	26809.6	26473.1	14297.4	10919.0	9093.4	2.57	2.46	2.91
2016	39651.0	28879.3	28609.7	15498.3	11794.3	9918.4	2.56	2.45	2.88
2017	42989.8	31293.8	30986.9	16822.1	12805.8	10828.6	2.56	2.44	2.86
2018	46432.6	33803.2	33388.6	18285.7	13954.1	11831.4	2.54	2.42	2.82
2019	50145.4	36607.5	36040.6	19988.6	15290.5	13035.3	2.51	2.39	2.76

资料来源：根据《中国统计年鉴》（2006—2020 年）整理计算而得。

城乡收入差距的地区差异不仅表现在东中西三大区域之间，而且还表现在以行政区域划分的省级地区之间。图 4 - 15 描述了 31 个省级地区 1989—2009 年城乡收入差距的变化趋势，从中可以直观地看出城乡收入差距在时间序列和地区截面上表现出了不同的变化趋势。从时间序列来看，各省级地区的城乡收入差距呈现不断扩大的趋势。从横截面来看，在经济发展水平越高的东部地区（如北京、上海、江苏、浙江），城乡收入差距越小，说明这些地

区农民收入的增长速度比较快；而在经济发展水平越低的西部地区（如贵州、云南、西藏、甘肃），城乡收入差距越大，说明这些地区农民收入的增长速度比较缓慢。

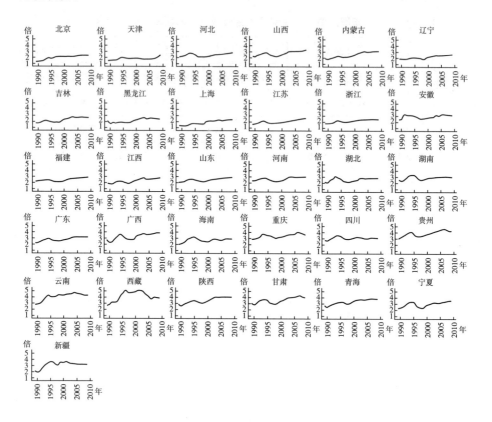

图 4 – 15　省级地区城乡收入差距情况（1989—2009 年）

［资料来源：根据《新中国六十年统计资料汇编》和

《中国统计年鉴（2010）》整理计算而得］

表 4 – 15 进一步显示了 2010—2019 年 31 个省级地区城乡收入差距的变化趋势。整体而言，各省级地区的城乡收入差距有逐步缩小的趋势。然而截至 2019 末，除天津的城乡收入比为 1.859 之外，其余地区的城乡收入比均为 2 以上；尤其是贵州、云南、甘肃、陕西、青海、西藏的城乡收入差距仍然比较大，其城乡收入比分别为 3.199、3.045、3.357、2.929、2.942、2.889，这些地区的农民收入水平有待于进一步提升。

表 4-15　　　　　　省级地区城乡收入差距情况（2010—2019 年）

年份	2010	2011	2012	2013	2014	2015	2016	2017	2018	2019
北京	2.192	2.233	2.213	2.606	2.572	2.570	2.567	2.574	2.567	2.553
天津	2.411	2.185	2.112	1.888	1.852	1.845	1.848	1.852	1.863	1.859
河北	2.730	2.569	2.542	2.419	2.370	2.367	2.370	2.372	2.350	2.325
山西	3.304	3.236	3.211	2.800	2.732	2.732	2.713	2.701	2.641	2.578
内蒙古	3.201	3.073	3.042	2.894	2.842	2.839	2.840	2.834	2.775	2.669
辽宁	2.564	2.467	2.475	2.627	2.599	2.582	2.552	2.546	2.548	2.469
吉林	2.471	2.370	2.350	2.181	2.154	2.199	2.188	2.187	2.195	2.162
黑龙江	2.231	2.068	2.064	2.225	2.163	2.181	2.175	2.167	2.115	2.065
上海	2.278	2.257	2.257	2.336	2.305	2.282	2.261	2.250	2.240	2.218
江苏	2.516	2.438	2.432	2.336	2.296	2.287	2.281	2.277	2.264	2.252
浙江	2.421	2.369	2.374	2.120	2.085	2.069	2.066	2.054	2.036	2.014
安徽	2.987	2.985	2.936	2.575	2.505	2.489	2.488	2.480	2.457	2.435
福建	2.933	2.837	2.815	2.470	2.429	2.413	2.401	2.388	2.364	2.331
江西	2.674	2.539	2.537	2.434	2.403	2.379	2.362	2.356	2.339	2.314
山东	2.853	2.732	2.726	2.515	2.459	2.440	2.437	2.434	2.427	2.381
河南	2.884	2.755	2.717	2.424	2.375	2.357	2.328	2.324	2.305	2.255
湖北	2.753	2.664	2.654	2.339	2.291	2.284	2.309	2.309	2.300	2.294
湖南	2.947	2.869	2.865	2.697	2.641	2.623	2.622	2.624	2.604	2.588
广东	3.029	2.870	2.867	2.669	2.625	2.601	2.597	2.597	2.583	2.557
广西	3.756	3.604	3.536	2.911	2.841	2.790	2.734	2.693	2.608	2.541
海南	2.954	2.850	2.824	2.546	2.470	2.427	2.403	2.389	2.384	2.383
重庆	3.323	3.125	3.111	2.715	2.650	2.593	2.564	2.547	2.532	2.507
四川	3.039	2.921	2.900	2.652	2.593	2.557	2.529	2.513	2.492	2.464
贵州	4.073	3.979	3.934	3.487	3.380	3.327	3.306	3.279	3.252	3.199
云南	4.065	3.934	3.891	3.340	3.259	3.200	3.172	3.143	3.110	3.045
西藏	3.620	3.302	3.152	3.112	2.992	3.088	3.057	2.969	2.952	2.889
陕西	3.823	3.629	3.598	3.151	3.072	3.041	3.027	3.002	2.972	2.929
甘肃	3.851	3.834	3.807	3.556	3.474	3.427	3.446	3.438	3.403	3.357
青海	3.587	3.386	3.275	3.150	3.063	3.094	3.088	3.083	3.032	2.942
宁夏	3.282	3.249	3.209	2.826	2.769	2.762	2.756	2.745	2.724	2.670
新疆	2.939	2.851	2.803	2.688	2.661	2.788	2.795	2.786	2.736	2.642

资料来源：根据《中国统计年鉴》（2011—2020 年）整理计算而得。

四、结论与启示

从以上对农民收入水平和结构的分析可以看出，我国农民收入具有以下基本特征：一是农民收入增长呈现出明显的波动性和阶段性；二是农民收入来源趋于多元化，家庭经营纯收入是农民最主要的收入来源，但是其所占的比重表现出递减的趋势，相反，工资性收入所占的比重越来越高；三是农民收入增长的贡献结构发生了本质性改变，农民收入增长逐渐由过去主要依靠家庭经营纯收入增长转变为越来越依靠工资性收入增长；四是在收入形态结构方面，现金收入在农民收入中所占的比重不断上升，体现了农村经济市场化程度的提高；五是城乡收入差距仍然在扩大，不论在收入总量上还是在收入增长率上，农村居民均落后于城镇居民；六是农民收入增长和城乡收入差距具有显著的地区不平衡性。

第四节　本章小结

农民收入增长和构成等方面呈现出来的特征表明：随着市场经济日益渗透到农村经济生活，以农村传统家庭经营为主的生产方式效率逐渐下降，农民收入问题的性质已经发生了根本性改变。农民收入问题已经不再是农业生产问题，也不单纯是"三农"问题，而是不断完善农村市场经济体制、转变农村生产方式、加快工业化建设和打破城乡分割体制的综合性课题，其中牵涉到许多纷繁复杂的问题。只有从根本上解决这些问题，才能真正建立起促进农民收入持续稳定增长的有效机制。因此，从这个意义上讲，通过农村金融发展为完善农村市场经济体制、促进农业生产方式转变和打破城乡分割体制作出贡献，是农村金融支持农民收入增长的关键所在。然而，在对农村金融发展状况的考察中，我们发现，农村金融中介的储蓄运用功能发挥不佳，农村正规金融体系的金融中介功能在很大程度上被非正规金融所取代。因此，必须进一步改革与创新农村金融体系，并且制定相关的政策和措施来保证农民增收机制的建立，只有这样才能充分发挥农村金融对农民收入增长的支持作用。

第五章　农村金融发展与农民收入
关系的实证分析

影响农民收入的因素有很多，从长远来看，金融因素的作用会越来越突出。在经济市场化和货币化水平日益提高的今天，农业产业的发展、农村经济的增长和农民收入的提高都离不开金融的支持。本章将在前面理论分析的基础上，从区域差异的视角出发，采用面板数据的分析方法，对农村金融发展与农民收入增长之间的关系进行实证检验。

第一节　农村金融发展对农民收入的影响：
固定效应估计

近年来，随着农村金融研究的不断深入，越来越多的学者开始关注农村金融发展与农民收入之间的关系（许崇正等，2005；温涛等，2005；王虎等，2006）。虽然这些研究尚未得到一致的结论，但毋庸置疑的是，农村金融发展对农民收入具有重要的影响。此外，值得注意的是，中国具有典型的"二元结构特征"，金融发展对农民收入增长的作用，在不同区域、不同阶段是有差别的。但是，在已有的文献中，绝大多数都是基于全国层面进行研究，而分地区、分时段进行研究的文献却很少。因此，考虑到中国农村地区发展的严重不平衡性，本节在以往研究的基础上，将中国农村金融发展与农民收入关系的研究深入省级层面。利用23个省级地区1989—2009年的相关统计数据，通过引入地区和时间两类虚拟变量，对中国农村金融发展的收入效应进行了比较分析。

一、模型设定

本书参照相关文献的做法，在总生产函数的传统分析框架下，将金融发展水平当作一项"投入"用于生产。除了考虑农村金融因素，还要控制影响农民收入的其他因素，同时基于收入分配包含三部门的经济模型，最终建立如下基本模型：

$$y = c + \alpha RF + \sum_j \gamma_j CON_j + \varepsilon \qquad (5-1)$$

其中，y 表示农民收入；RF 表示农村金融发展；CON_j 表示第 j 个控制变量；c、α、γ_j 表示待估参数；ε 表示误差项。农村金融发展指标和控制变量的选取，参考了姚耀军（2005）、许崇正（2005）、温涛（2005）等。同时，考虑到变量的可量化性和数据的可获得性，本书以农村金融发展规模（农村贷款余额/农村地区生产总值）作为农村金融发展状况的指标，以城镇金融发展、农村人力资本、财政支持、就业结构、产业结构和投资水平作为控制变量。

为了对不同地区和时间段农村金融发展的收入效应进行比较分析，本书在模型（5-1）的基础上，引入地区和时间两类虚拟变量，从而得到以下模型：

$$y = c + \alpha RF + \sum_i^3 \beta_i D_i + \sum_i^3 \lambda_i D_i RF$$

$$+ \sum_i^2 \omega_i D_i D_3 + \sum_i^2 \delta_i D_i D_3 RF + \sum_j \gamma_j CON_j + \varepsilon \qquad (5-2)$$

其中，D_i 表示第 i 个虚拟变量：D_1 表示东部地区取 1，中部地区和西部地区取 0 的地区虚拟变量；D_2 表示中部地区取 1，东部地区和西部地区取 0 的地区虚拟变量；D_3 表示 1989—1998 年取 1，1999—2009 年取 0 的时间虚拟变量。β_i、λ_i、ω_i、δ_i 表示待估参数。

二、样本选择

为了反映中国区域农村经济发展和融资状况，使实证分析具有代表性与可比较性，同时考虑到数据的可获得性和完整性，本书以中国 23 个省级地区作为研究的样本。其中，东部地区包括浙江、江苏、天津、辽宁、河北、山东和海南 7 个省份；中部地区包括安徽、湖南、湖北、河南、山西、黑龙江和吉林 7 个省份；西部地区包括广西、内蒙古、贵州、陕西、青海、宁夏、新疆、四川和云南 9 个省份。由于 1997 年重庆从四川分离，其数据系列不完整，故本书将两者合并，统一计入四川；北京、上海、福建、江西、广东、甘肃及西藏缺乏关于农村金融的数据资料且统计指标不统一，故本书的样本不包括这 7 个省份。

从表 5 - 1 可以看出，样本地区的经济发展水平差别较大。2009 年，东部地区的地区生产总值最高，为 18995.48 亿元，西部地区最低，仅为 6290.506 亿元；当年全国的人均地区生产总值为 25575.5 元，而三个地区人均地区生产总值的平均值与其较为接近，为 26566.32 元，其中东部地区人均地区生产总值最高，为 38132.43 元，西部地区最低，为 20041.67 元，前者是后者的 1.90 倍；农村居民人均纯收入水平和第二、第三产业产值占地区生产总值的比重也是东部地区最高，西部地区最低。从以上分析可以看出，三个地区的经济发展水平和富裕程度存在一定的差距，其中东部地区属于经济较发达区域，中部地区属于经济中等发达区域，西部地区属于经济欠发达区域。

表 5 - 1　　　　　　2009 年东部、中部、西部地区各经济指标情况

项目	东部地区	中部地区	西部地区
地区生产总值（亿元）	18995.48	11255.45	6290.506
人均地区生产总值（元）	38132.43	21524.86	20041.67
农村居民人均纯收入（元）	6952.74	4853.19	3830.02
第二、第三产业产值占地区生产总值的比重（%）	91.83	86.49	85.82

资料来源：根据《中国统计年鉴（2010）》和各省份统计年鉴（2010 年）整理而得。

三、指标及数据说明

（一）农民收入（y）

该指标用农民人均纯收入来衡量①，并用以 1989 年为基期的农村居民消

---

① "农民人均纯收入"是国家统计局制定的衡量农民收入的一个科学指标，准确地反映了农民一年内实际收入水平和扩大再生产、改善生活条件的能力，是农村经济发展的综合体现和最终结果。

费价格指数进行消胀处理。农村居民人均纯收入和农村居民消费价格指数的历年数据来源于《新中国六十年统计资料汇编》和《中国统计年鉴(2010)》①。图5-1和图5-2对各地区农民收入水平（消胀后）进行了比较。

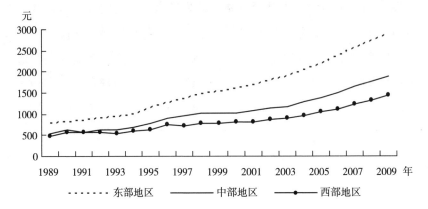

注：东部地区的数据为浙江、江苏、天津、辽宁、河北、山东和海南7个省份的均值，中部地区的数据为安徽、湖南、湖北、河南、山西、黑龙江和吉林7个省份的均值，西部地区的数据为广西、内蒙古、贵州、陕西、青海、宁夏、新疆、四川和云南9个省份的均值，下同。

图5-1 各地区农民人均纯收入水平比较

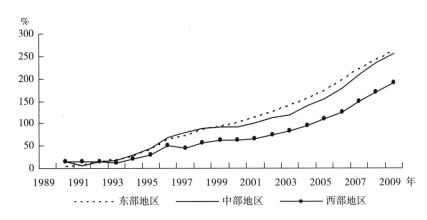

图5-2 各地区农民收入增长情况比较

① 天津和陕西（1989—2009年）的农村居民消费价格指数缺失，本书用城镇的总消费价格指数来代替（Johnson，2002）。

(二) 农村金融发展 (*RF*)

该指标用农村贷款余额除以农村地区生产总值（农村金融发展规模）来衡量。金融发展水平提高的一个主要表现为金融资产规模相对于国民财富的扩展，通常采用戈氏和麦氏两种指标进行衡量。但是，麦氏指标由于不能准确衡量中国的金融深化程度而受到较多批评，故本书采用戈氏指标。此外，农村地区金融资产结构相对简单并且资本市场不发达，因此用农村贷款余额除以农村地区生产总值来衡量农村金融发展规模是比较合理的。其中，农村贷款余额为乡镇企业贷款余额与农业贷款余额之和；[①] 农村地区生产总值的计算采用多数文献的做法，用第一产业增加值和乡镇企业增加值之和来表示。乡镇企业贷款余额的历年数据来源于各省份统计年鉴或经济年鉴（1990—2010 年）、《金融统计分析报告》（2008 年第四季度）、《中国乡镇企业年鉴》（1998—1999 年），农业贷款余额和第一产业增加值的历年数据来源于《新中国六十年统计资料汇编》、各省份统计年鉴或经济年鉴（2010 年），乡镇企业增加值的历年数据来源于《中国乡镇企业年鉴》（1990—1993 年、1996—2010 年）、《中国统计年鉴》（1994—1995 年）。[②] 图 5-3 和图 5-4 对各地区农村贷款规模进行了比较。

(三) 城镇金融发展 (*UF*)

考虑到城乡金融发展的非均衡性，该指标用城镇贷款余额除以城镇地区生产总值（城镇金融发展规模）来衡量。其中，城镇贷款余额为各省份总贷款余额与农村贷款余额之差，城镇地区生产总值为各省份地区生产总值与农

　　[①]　一般来说，农村贷款余额为农业贷款余额与乡镇企业贷款余额之和。但是，由于海南（1989—1999 年）、陕西（1989—2000 年）、青海（1989—1999 年）、宁夏（1989—2000 年）、新疆（1989—1999 年）和湖南（1989—1999 年）乡镇企业贷款余额的数据缺失，本书用银行的农村贷款余额与农村信用社的贷款余额之和来计算其农村贷款余额。许崇正（2005）认为，这并不会影响流入农村经济体的信贷总量的计算，也不会影响最终的分析结果。银行农村贷款余额和农村信用社贷款余额的数据来源于相应年份的《中国金融年鉴》和各省份统计年鉴。

　　[②]　由于各年鉴对各省份 1989—1994 年乡镇企业增加值的数据未进行统计，故本书参照熊启泉（1999）的方法进行估算，其计算公式为：各地区乡镇企业增加值 = 全国乡镇企业增加值 ×（各地区乡镇企业总产值/全国乡镇企业总产值）。

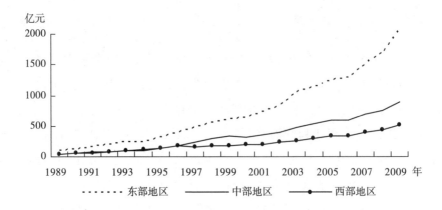

图 5 – 3　各地区农村贷款余额比较

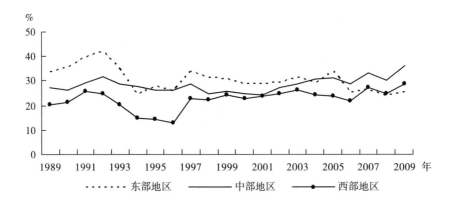

图 5 – 4　各地区农村金融机构信贷比率比较

村地区生产总值之差。各省份总贷款余额和地区生产总值的历年数据来源于《新中国六十年统计资料汇编》和《中国统计年鉴（2010）》。

（四）农村人力资本（*HUM*）

该指标用农村平均受教育年限来衡量。本书参照许崇正等（2005）的做法，将农民家庭劳动力的文化程度换算成受教育年数。[①] 假设不识字或识字很

---

①　迄今为止，人力资本的度量方法并不一致，而人均受教育年限是一种比较常用的方法。另外，也有学者采用初中以上文化程度的劳动力人数所占比重（王虎、范从来，2006）或高中以上文化程度的劳动力人数所占比重来衡量人力资本（邱晓华，2006）。

少的劳动者受教育年数为零，小学文化程度的受教育年数是 6 年，初中文化程度的受教育年数是 9 年，高中或中专文化程度的受教育年数是 12 年，大专及以上文化程度的受教育年数是 16 年。利用统计资料上每百人小学、初中、高中或中专、大专及以上文化程度的人数百分比为权重，运用加权平均数法，算出各地区平均受教育程度。历年数据来源于《中国农村统计年鉴》（1990—2010 年）。

（五）农村财政支持（PUB）

该指标用地方财政支农支出占财政总支出的比例来衡量。地方财政用于农业的支出包括支援农村生产支出、农业综合开发支出和农林水利气象部门事业费。地方财政总支出和支农支出的历年数据主要来源于《中国统计年鉴（2010）》和《新中国六十年统计资料汇编》。[①]

（六）农村就业结构（JOB）

该指标用农村劳动力中从事非农产业的人数和农村劳动力总人数之比来衡量。该指标也是反映农村生产发展水平的重要指标，数值越高说明农村就业结构越好，农村城镇化程度也就越高。其中，从事非农产业的人数由农村劳动力总人数减去从事农林牧渔业的人数而得。从事非农产业的人数和农村劳动力总人数的历年数据来源于《新中国六十年统计资料汇编》和《中国农村统计年鉴（2010）》。

（七）产业结构（IND）

该指标用第二、第三产业生产总值占省份地区生产总值的比重来衡量，以解释产业结构对农民收入增长的影响。第二、第三产业生产总值和各省份地区生产总值的历年数据来源于《新中国六十年统计资料汇编》和《中国统计年鉴（2010）》。

---

　① 由于《新中国六十年统计资料汇编》中部分数据缺失，黑龙江（1989—1999 年）、宁夏（2007—2008 年）、四川（1989—1993 年）的地方财政支农支出的数据分别来源于《黑龙江统计年鉴》（1999—2000 年）、《中国统计年鉴》（2008—2009 年）和《四川统计年鉴》（1999—1994 年）。

（八）农村投资水平（*INV*）

该指标用农村固定资产投资除以农村地区生产总值来衡量。其中，农村固定资产投资包括农村集体所有制单位固定资产投资和农村个人固定资产投资。农村固定资产投资 1989—2000 年的数据来源于《中国固定资产投资统计数典》（1995—2000 年），2001—2009 年的数据来源于《中国农村统计年鉴》（2002—2010 年）。

上述八个变量的描述性统计结果见表 5 - 2。

表 5 - 2　　　　　　　　　　描述性统计

变量	最大值	最小值	均值	标准差	观测值个数
y	4.631022	0.808307	1.875547	0.776894	483
RF	1.030046	0.040054	0.272444	0.132286	483
UF	4.197268	0.612642	1.484601	0.490085	483
HUM	9.051000	3.638400	7.351655	1.058603	483
PUB	0.180000	0.010000	0.083106	0.029334	483
JOB	0.889402	0.037229	0.316622	0.171203	483
IND	0.982870	0.533109	0.799935	0.086994	483
INV	0.803802	0.025666	0.167325	0.083729	483

四、实证结果分析

本节以 1989—2009 年中国 23 个省级地区的面板数据为基础，对各地区农民收入的影响因素做量化分析，从中分析农村金融发展对农民收入的影响作用。同时，为了对中国农村金融发展收入效应的地区差异和时间差异进行比较分析，在基本模型（5 - 1）的基础上，又建立了模型（5 - 2）。本书利用 EViews7.0 软件，分别采用固定效应估计法和随机效应估计法对各参数进行估计，所得结果如表 5 - 3 和表 5 - 4 所示。

表 5 - 3　　　　　　　　　　　固定效应估计结果

变量	(1)	(2)	(3)	(4)	(5)	(6)
RF	-0.7063*** (-2.7292)	-0.7813*** (-3.1974)	-0.8283*** (-3.3606)	-0.8441*** (-3.4611)	-0.8301*** (-3.4878)	-1.0225*** (-4.0830)
$D_1 \times RF$	1.5959*** (3.9618)	1.6609*** (4.3688)	1.6082*** (4.2116)	1.6280*** (4.3090)	1.7405 (4.5874)	1.7378*** (4.6083)
$D_2 \times RF$	1.5442*** (3.8178)	1.4886*** (3.9001)	1.5716*** (4.1180)	1.4479*** (3.8158)	1.7007*** (4.6212)	1.5975*** (4.1989)
$D_3 \times RF$	-0.1769 (-0.9116)	-0.0945 (-0.5153)	-0.0169 (-0.0904)	-0.0101 (-0.0547)	-0.0319 (-0.1966)	0.0653 (0.3519)
$D_1 \times D3 \times RF$	-1.4764*** (-6.7660)	-1.5051*** (-7.3096)	-1.6085*** (-7.5930)	-1.6275*** (-7.7626)	-1.6711*** (-8.3519)	-1.7879*** (-8.2790)
$D_2 \times D3 \times RF$	-1.4513*** (-5.4245)	-1.0844*** (-4.2180)	-1.0991*** (-4.2539)	-1.1189*** (-4.3757)	-1.0879*** (-4.4870)	-1.2431*** (-4.8237)
UF	-0.1755*** (-5.0366)	-0.1262*** (-3.7639)		-0.1109*** (-3.2813)		-0.0886*** (-2.5696)
HUM	0.8038*** (23.128)	0.6291*** (15.6595)	0.0519*** (9.6231)	0.5378*** (10.213)	0.5442*** (14.428)	0.5125*** (9.6600)
PUB	6.1813*** (8.6877)	5.4721*** (8.0727)	5.9800*** (8.9309)	5.5669*** (8.2561)	4.8974*** (8.4752)	5.1138*** (7.4237)
JOB		2.0315*** (7.5279)	1.9928*** (7.2280)	1.8595*** (6.7431)	2.2602*** (9.3023)	1.8170*** (6.6279)
IND			1.7938*** (3.2284)	1.4821*** (2.6568)		1.5266*** (2.7560)
INV					0.8109*** (3.6683)	0.7534*** (2.7799)
R^2	0.8510	0.867656	0.8666	0.869705	0.8864	0.8719
Adjusted - R^2	0.8407	0.858245	0.8571	0.860129	0.8784	0.8622
LR 检验 (F 统计量)	27.0494 [0.0000]	30.8766 [0.0000]	28.3294 [0.0000]	28.44033 [0.0000]	23.1473 [0.0000]	24.4719 [0.0000]

注:（1）圆括号内为 t 值，方括号内为 p 值；（2）＊＊＊表示在 1% 的显著性水平下显著；（3）由于固定效应模型在本质上已经具备虚拟变量，若模型中再引入虚拟变量 D_1、D_2、D_3、$D_1 \times D_3$ 和 $D_2 \times D_3$，则无法使用固定效应估计法，故本书将其剔除再进行固定效应估计。[①]

① 伍德里奇. 计量经济学导论（第三版）下册 ［M］. 北京：中国人民大学出版社，2009.

为了得到稳健的结论，本书估计了多个方程。表5－3和表5－4分别为固定效应和随机效应两种模型的估计结果。在表5－4中，Hausman 检验的结果均在1%的置信水平下拒绝了原假设（模型为随机效应模型），故我们不考虑表5－4的估计结果；在表5－3中，LR 检验的结果在1%的置信水平下拒绝了原假设（固定效应是多余的），表明所引入的固定效应是合适的，因此下面的分析主要参考表5－3的估计结果。由于本书关注的是农村金融发展收入效应的地区差异和时间差异，因此主要考虑虚拟变量与农村金融发展交叉项的系数估计结果。方程（1）至方程（6）的估计结果十分接近，说明所得结论是稳健的。

首先，考察农村金融发展收入效应的地区差异。在方程（1）至方程（6）中，RF 的估计系数均在1%的显著性水平下为负，表明西部地区农村金融发展对农民收入具有显著的负面影响。而 $D_1 \times RF$ 和 $D_2 \times RF$ 的估计系数均为正（显著性水平均达到1%），并且加上 RF 的估计系数后依然为正。这说明，在东部地区和中部地区，农村金融发展对农民收入有显著的正面影响。此外，$D_1 \times RF$ 的估计系数大于 $D_2 \times RF$，表明东部地区农村金融发展的收入效应要大于中部地区。由此可见，从东部地区到中部地区再到西部地区，农村金融发展的收入效应呈递减状态（由正效应递减为负效应），其地区差异较大。在本书第二部分的文献综述中，我们了解到，经济增长与金融发展之间有密切的联系。周立和王子明（2002）指出，金融发展差距可以部分解释中国各地区之间的经济增长差距。而本节的研究发现，在经济越发达的地区，农村金融发展的收入效应越强。这在一定程度上能够表明，各地区的经济增长水平与农村金融发展的收入效应之间存在着联系。21世纪初，中国农村资金外流现象较为严重[①]，削弱了流向"三农"的资金。但是，在经济发达的地区，资金来源相对丰富，从而农村资金外流程度相对较弱。在东部地区，农村资金外流程度随着经济的发展而减缓，甚至在某些地区开始回流，而在中西部地区，农村资金外流程度随着经济的发展而持续加大（刘民权等，

---

① 截至2008年底，银行业金融机构从农村地区吸收的存款余额为117785.18亿元，而在农村地区发放的贷款余额为63094.96亿元，共从农村转移资金54690.22亿元。

2009）。因此，农村资金外流程度存在着地区差异，并导致资金配置的地区差异，进而导致区域农村经济发展差异，最终形成农民收入增长的地区差异。[①]

其次，考察农村金融发展收入效应的时间差异。1989—2009 年，我国农村经济金融制度发生了较大的变化。特别是在 1997 年亚洲金融危机爆发后，为防范与控制金融风险，国有银行开始大幅撤并县域农村分支机构，同时金融监管部门也加大了对各种非正规金融打压的力度。[②] 为了更好地比较各个时段农村金融发展对农民收入的影响，本书将这一时期以 1998 年为界分为两个时期。在方程（1）至方程（6）中，$D_3 \times RF$ 的系数估计均不显著，说明西部地区不存在时间效应。$D_1 \times D_3 \times RF$ 和 $D_2 \times D_3 \times RF$ 的系数估计均显著为负（1988—1998 年，D_3 取 1），说明东部地区和中部地区存在显著的时间效应；农村金融发展的收入效应在 1998—2009 年要大于 1988—1998 年。由此可见，1998 年四大国有银行撤并分支机构和民间金融行为遭受抑制之后，东部地区和中部地区农村金融发展对农民收入的影响发生了显著变化，而西部地区并没有发生显著改变。

表 5 – 4 随机效应估计结果

变量	（1）	（2）	（3）	（4）	（5）	（6）
RF	− 0. 0714 （− 0. 3233）	− 0. 1643 （− 0. 7733）	− 0. 4005* （− 1. 8193）	− 0. 4074* （− 1. 8695）	− 0. 3184 （− 1. 4919）	− 0. 5644*** （− 2. 5755）
$D_1 \times RF$	0. 65112** （2. 0646）	0. 7332** （2. 3934）	0. 8539*** （2. 7414）	0. 8371*** （2. 7133）	0. 7306*** （2. 5569）	0. 8302*** （2. 8467）
$D_2 \times RF$	0. 7512** （2. 2414）	0. 7105** （2. 1895）	0. 9313*** （2. 8436）	0. 8196** （2. 5130）	0. 8948*** （2. 9143）	0. 9116*** （2. 9005）
$D_3 \times RF$	− 0. 5364*** （− 2. 9163）	− 0. 4101** （− 2. 3430）	− 0. 2022 （− 1. 1160）	− 0. 2036 （− 1. 1355）	− 0. 3550** （− 2. 0170）	− 0. 1380 （− 0. 7713）

① 中国农村特别是中部、西部地区资金和劳动力的流动呈现以下特征：农产品市场价格长期低迷和不稳定，加上小规模自给自足的农户极低的劳动生产率，以及乡镇企业大量倒闭，导致贫困地区和农业主产区缺乏投资机会，大量农民外出打工，但其收入又通过农村金融机构回流到东部地区和发达地区。其结果是农村、农业和农民难以获得足够的发展资金，农村经济发展出现了恶性循环。

② 1998 年 6 月，中国人民银行制定了《国有独资商业银行分支机构改革方案》，该方案对四大银行机构的撤并提出了非常具体的要求；1998 年 6 月 30 日，国务院颁布《非法金融机构和非法金融业务活动取缔办法》，明确任何非法金融机构和非法金融业务活动都必须予以取缔。

续表

变量	(1)	(2)	(3)	(4)	(5)	(6)
$D_1 \times D_3 \times RF$	−1.3845*** (−6.3925)	−1.4145*** (−6.9158)	−1.5864*** (−7.5691)	−1.6075*** (−7.7482)	−1.6349*** (−7.7121)	−1.7979*** (−8.4896)
$D_2 \times D_3 \times RF$	−1.5222*** (−5.7224)	−1.2280*** (−4.8289)	−1.2451*** (−4.8714)	−1.2556*** (−4.9648)	−1.4829*** (−5.7642)	−1.4488*** (−5.7118)
UF	−0.1733*** (−5.0369)	−0.1331*** (−4.0310)		−0.1096*** (−3.3010)		−0.0828** (−2.4657)
HUM	0.7020*** (22.785)	0.5815*** (16.6998)	0.4394*** (10.1790)	0.4664*** (10.719)	0.5285*** (16.027)	0.4400*** (10.7566)
PUB	6.1042*** (8.6938)	5.6851*** (8.5282)	6.2157*** (9.4470)	5.7926*** (8.7313)	5.3228*** (7.8831)	5.2334*** (7.7712)
JOB		1.6173*** (7.1372)	1.5244*** (6.5434)	1.4225*** (6.1092)	1.5007*** (7.2068)	1.2752*** (5.8342)
IND			0.4734*** (5.0482)	2.1489*** (4.5310)		2.1091*** (4.6979)
INV					1.3227*** (5.1973)	0.9902*** (3.8085)
R^2	0.795968	0.8170	0.8218	0.8256	0.8108	0.8251
Adjusted − R^2	0.792085	0.8132	0.8180	0.8216	0.8067	0.8206
Hausman 检验 （卡方统计量）	55.377681 [0.0000]	60.2535 [0.0000]	42.2890 [0.0000]	44.0339 [0.0000]	78.5849 [0.0000]	57.0715 [0.0000]

注：（1）圆括号内为 t 值，方括号内为 p 值；（2）＊、＊＊、＊＊＊分别表示在 10%、5%、1% 的显著性水平下显著。

最后，简要考察各控制变量的表现。表 5 - 3 的估计结果表明，城镇金融发展对农民收入增长具有显著的负效应。由于农村金融和城镇金融在信贷和金融资产两个方面存在较大差距，因此中国存在典型的"二元"金融发展结构。相对于农村金融而言，城镇金融在组织结构、创新能力和业务种类方面具有较大优势。但是，城镇金融不但没有成为促进农民收入增长的因素，反而制约了农民收入的提高，这说明城乡金融的非均衡发展不但会影响城乡收入差距，而且为农民收入的增长带来了不同层面的影响。由此可见，除了要优化农村金融制度安排、促进农村金融的适应性改革和发展，还必须改进现

行中国金融的结构和功能、防止城乡金融发展在结构上的不均衡，这些对于
农民收入的提高都是至关重要的。此外，本书的实证结果还表明，人力资本、
财政支持、就业结构、产业结构和投资水平对农民收入的提高有显著的正面
影响，这与大多数文献的结论相一致。近年来，农民教育水平的提高、财政
对于农业支持力度的加大、农村固定资产投资的增加，对农民收入的增长起
到了重要的作用。王虎和范从来（2006）也指出，人力资本、财政对农业的
支持、农村劳动力转移、产业结构变动和固定资产投资是农村金融发展影响
农民收入的有效渠道。

第二节　农村金融发展与农民收入 关系的动态分析

在现代市场经济条件下，农业发展和农民增收都需要农村金融的有力支
持。根据西方经济学的生产函数理论，在其他条件不变的情况下，资本增加
会带来产出增加。① 因此，从理论上看，农村信贷投资增加会导致农民人均资
本量增加，从而引起农业产出的增加和农民收入的增长。但是，在农村金融
抑制和农业信贷市场发育残缺的情况下，农村信贷资金作为农民的稀缺生产
资源，将导致农民生产性投入能力下降，进而促使农业产出和农民收入下降。
从这个意义上说，农村信贷资金不足是直接影响农民收入增长的至关重要的
制约因素之一。

对农村金融发展与农民收入关系的研究，除了要进行理论上的分析，还
需要进一步地进行实证检验。综观本书第二章第三节关于农村金融发展与农
民收入关系的实证研究，可以发现，鲜有文献采用面板数据的协整分析法。
鉴于此，本节利用中国29个省级地区1993—2009年的面板数据，基于面板协
整模型，考察我国农村金融发展与农民收入之间的长期均衡稳定关系；进一
步地，基于长期均衡所派生的面板误差修正模型，考察农村金融发展与农民

---

① 这里有一个前提，即投资在合理范围内，不存在过度投资。考虑到当前农村存在大量隐性失
业人口，农村稀缺的是资本而不是劳动力，因此可以认为农村不存在过度投资问题。

收入之间的短期动态调整效应。同时，考虑到我国各地区农村金融发展和农民收入水平的差异性，我们分别对东部、中部和西部三个地区进行研究。

一、实证模型与数据说明

（一）模型设定

从理论上来说，农业信贷资金的增加可以扩大农业和农村发展的资金供给，促进农业和农村投资的增长，从而进一步推动农业经济发展并促进农民收入增长（温涛、王煜宇，2003）。但是，农村金融发展对农民收入增长的影响性质及影响程度，还有待于进一步的实证检验。农民收入根据其来源可以分为家庭经营纯收入、工资性收入、财产性收入以及转移性收入。通过 2009 年农民收入结构特征的分析，可以发现，农民收入主要由家庭经营纯收入和工资性收入构成，两者之和占总收入的 90% 左右（图 5 - 5 显示了 2009 年全国及东部、中部、西部地区的农民收入结构）；同时，农村金融发展对这两种收入的影响性质和大小可能存在差别。因此，我们将农民收入分解为家庭经营纯收入和工资性收入进行实证研究。

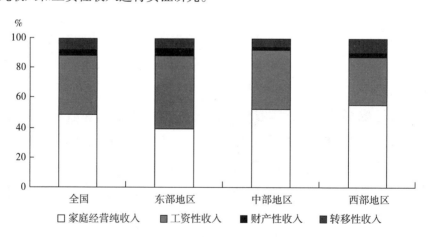

图 5 - 5　2009 年各地区农民收入结构

为了分别考察中国农村金融发展对农民家庭经营纯收入和工资性收入的长期效应，本书分别以农民家庭经营纯收入和工资性收入作为因变量，以农村金融发展作为自变量进行协整分析，从而设定如下面板模型：

$$\ln IHO_{it} = a_{1i} + \beta_1 \ln AL_{it} + \varepsilon_{1it} \tag{5-3}$$

$$\ln IWS_{it} = a_{2i} + \beta_2 \ln AL_{it} + \varepsilon_{2it} \tag{5-4}$$

其中，IHO 表示农民家庭经营纯收入；IWS 表示农民工资性收入；AL 表示农村金融发展水平（农业信贷水平）；i 表示省份；t 表示年份；ε_{1it} 和 ε_{2it} 表示随机误差；a_{1i} 和 a_{2i} 表示反映各省份效应的截距项；β_1 和 β_2 表示待估参数。

如果模型（5-3）和模型（5-4）的各变量服从面板单位根过程，并且其回归残差 ε_{1it} 和 ε_{2it} 均为平稳序列，则意味着模型（5-3）和模型（5-4）为面板协整模型。进一步地，为了检验中国农村金融发展对农民收入的短期效应，我们根据 Granger 表述，建立面板协整模型（5-3）和模型（5-4）所对应的面板误差修正模型（PVECM）：

$$\Delta \ln IHO_{it} = b_1 + \gamma_1 ECM_{1it-1} + \sum_k \theta_{11,k} \Delta \ln IHO_{it-k} + \sum_k \theta_{12,k} \Delta \ln AL_{it-k} + \xi_{1it}$$
$$\tag{5-5}$$

$$\Delta \ln AL_{it} = b_2 + \gamma_2 ECM_{1it-1} + \sum_k \theta_{21,k} \Delta \ln IHO_{it-k} + \sum_k \theta_{22,k} \Delta \ln AL_{it-k} + \xi_{2it}$$
$$\tag{5-6}$$

$$\Delta \ln IWS_{it} = b_3 + \gamma_3 ECM_{2it-1} + \sum_k \theta_{31,k} \Delta \ln IWS_{it-k} + \sum_k \theta_{32,k} \Delta \ln AL_{it-k} + \xi_{3it}$$
$$\tag{5-7}$$

$$\Delta \ln AL_{it} = b_4 + \gamma_4 ECM_{2it-1} + \sum_k \theta_{41,k} \Delta \ln IWS_{it-k} + \sum_k \theta_{42,k} \Delta \ln AL_{it-k} + \xi_{4it}$$
$$\tag{5-8}$$

其中，模型（5-5）和模型（5-6）中的 ECM_{1it-1} 表示模型（5-3）的面板协整残差，模型（5-7）和模型（5-8）中的 ECM_{2it-1} 表示模型（5-4）的面板协整残差；$\gamma_m (m = 1, 2, 3, 4)$ 表示误差调节系数，它反映了农村金融发展与农民家庭经营纯收入、农村金融发展与农民工资性收入的长期稳定（面板协整）对农村金融发展或农民家庭经营纯收入与工资性收入的短期变化所产生的调节效应。变量差分最优滞后阶数 k 根据误差修正模型的残差项序列 ξ_{it} 是否存在自相关性来判断；如果存在自相关性，则应该加入变量差分的滞后项，直到消除自相关性。

从计量角度来看，如果 γ_1 和 γ_3 为负，则进一步支持模型（5-3）和模型（5-4）为面板协整模型。从理论角度来看，如果 γ_1 和 γ_3 为负，则说明长期稳定对农民家庭经营纯收入和工资性收入的短期变化具有抑制作用，进而表明农业贷款的增加不利于农民家庭经营纯收入和工资性收入的增加；如果 γ_2 和 γ_4 为正，则说明面板协整的存在对农业贷款的变化具有促进作用。

（二）数据说明

为了客观地揭示中国农村金融发展和农民收入增长之间的关系，同时考虑到变量的可量化性和数据的可获得性，本书以农村人均农业贷款（农业贷款余额/农村从业人员总数）作为农村金融发展的指标；以农村居民人均家庭经营纯收入和人均工资性收入来衡量农民家庭经营纯收入水平和工资性收入水平，并且用以 1993 年为基期的农村居民消费价格指数①对农民收入数据进行消胀处理。图 5-6 显示的是 1993—2009 年各地区农村金融发展的变化趋势，图 5-7 和图 5-8 分别显示的是 1993—2009 年农民人均家庭经营纯收入和人均工资性收入水平的变化趋势。

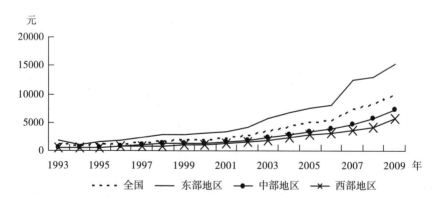

注：全国及东部、中部、西部地区的数据分别为相应省份的均值，下同。

图 5-6　农村金融发展水平变化

---

① 北京、天津、上海和陕西的农村居民消费价格指数缺失，本书采纳约翰逊（Johnson）的建议，用城镇居民的总消费价格指数来代替。

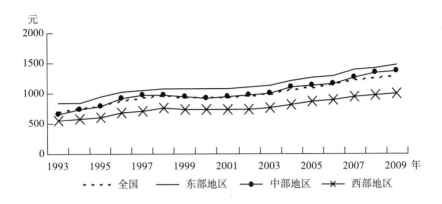

图 5 - 7　农民人均家庭经营纯收入水平变化

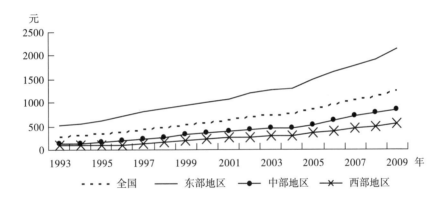

图 5 - 8　农民人均工资性收入水平变化

　　鉴于数据的可获得性、完整性及一致性，本书分析的样本包括全国 29 个省份。同时，由于我国各区域经济发展、农村金融发展及农民收入水平不一致，我们根据区域经济理论和统计年鉴的划分方法，把中国分为东部、中部、西部三个区域分别进行研究。其中，东部地区包括北京、天津、河北、辽宁、上海、江苏、浙江、福建、山东、广东和海南 11 个省份；中部地区包括山西、吉林、黑龙江、安徽、江西、河南、湖北和湖南 8 个省份；西部地区包括内蒙古、广西、四川、贵州、云南、陕西、甘肃、青海、宁夏、新疆 10 个省份。由于 1997 年重庆从四川分离，其数据系列不完整，故本书将两者合并，统一计入四川；西藏的数据资料不完整，因此不包括在研究样本中。

　　1993 年之前，国家统计局对农村居民收入来源分类的统计口径不统一，并且缺乏完全的对应关系；自 1993 年开始，国家统计局开始对各地区农村居民的人均纯收入按家庭经营纯收入、劳动者报酬[①]、财产性收入和转移性收入进行统计。因此，本书分析的样本时间跨度为 1993—2009 年。

农民人均家庭经营纯收入和人均工资性收入的历年数据来源于《中国统计年鉴》（1994—2010 年），农村居民消费价格指数、农业贷款余额和农村从业人员的历年数据来源于《新中国六十年统计资料汇编》、《中国农村统计年鉴（2010）》、各省份统计年鉴或经济年鉴（2010 年）。

二、研究方法

（一）面板单位根检验方法

传统单位根检验由于样本期较短而导致其检验功效低下，而面板单位根检验能够充分利用截面单位的信息从而提高检验力度。面板单位根检验需要考虑面板数据 AR（1）过程：

$$y_{it} = \rho_i y_{it-1} + X_{it}\delta_{it} + \mu_{it} \tag{5-9}$$

其中，$i = 1,2,\cdots,N$；$t = 1,2,\cdots,T$。X_{it} 表示外生变量向量，包括各截面的固定影响和时间趋势。ρ_i 表示自回归系数，如果 $|\rho_i| < 1$，则对应的 y_{it} 序列为平稳序列；如果 $|\rho_i| > 1$，则对应的 y_{it} 序列为非平稳序列；如果 $|\rho_i| = 1$，则对应的 y_{it} 序列存在单位根过程。μ_{it} 表示随机误差项，满足独立同分布假设。N 表示截面单元个数，T 表示观测时期数。

根据式（5-9）中参数 ρ_i 同（异）质性假定的不同，面板单位根检验方法可以分为两大类。第一类为同质面板单位根检验法，即 ρ_i 对于所有截面都相等（$\rho_i = \rho$）；第二类为异质面板单位根检验法，即 ρ_i 可以跨截面变化。第一类面板单位根检验法主要有 LLC 检验（Levin、Lin 和 Chu，2002）、Breitung 检验（Breitung，2000）、Hadri 检验（Hadri，2000）；第二类面板单位根检验法主要有 IPS 检验（Im 、Pesaran 和 Shin，2003）、Fisher 类型检验

[①] 自 2000 年开始，《中国统计年鉴》将"劳动者报酬"更名为"工资性收入"。

（Maddala 和 Wu，1999；Choi，2001）。Hadri 检验的原假设为含有单位根，其余 4 种检验方法的原假设为没有单位根。Breitung 检验必须含有漂移项和趋势项才能进行。LLC 检验和 IPS 检验在实际中应用得比较多。但 LLC 检验的备择假设要求各个纵剖面时间序列一阶滞后项的回归系数是相同的，与经济现实差距较大；而 IPS 检验放松了该约束条件，允许备择假设下某些纵剖面时间序列含有单位根，从而克服了 LLC 检验的缺陷。Im、Pesaran 和 Shin（2003）通过蒙特卡洛模拟有限样本的性质，证明在小样本条件下 IPS 检验明显优于 LLC 检验。鉴于此，本书主要参考 IPS 检验结果，以判别各变量的平稳性。

（二）面板协整检验方法

面板协整检验主要有两种方法，一种是基于残差的检验（McCoskey 和 Kao，1998；Pedroni，1999、2004）；另一种是基于协整秩的检验（Kao，1999）。Pedroni 检验方法适用于非平衡面板数据，相比其他检验方法有很大改进。因此，本书采用 Pedroni（1999，2004）的检验方法来分析农村金融发展与农民家庭经营纯收入、农村金融发展与农民工资性收入之间是否存在面板协整关系。

Pedroni（2004）面板协整检验方法基于用下列方程的残差：

$$y_{it} = c_{it} + \varphi_{it}t + x'_{it}\omega_i + e_{it} \tag{5-10}$$

其中，$i = 1,2,\cdots,N$；$t = 1,2,\cdots,T$。y_{it} 和 x_{it} 分别是 $(N \times T) \times 1$ 维和 $(N \times T) \times M$ 维可观测变量。该方法以协整方程的回归残差作为基础构造了 7 个统计量来检验面板变量间的协整关系，其原假设是"不存在协整关系"。7 个统计量可以分为两类，一类用联合组内尺度来描述（Panel v 统计量、Panel rho 统计量、Panel PP 统计量和 Panel ADF 统计量），另一类用组间尺度来描述（Group rho 统计量、Group PP 统计量和 Group ADF 统计量）。如果用 ρ_i 表示第 i 个单位截面的残差自回归系数，则没有协整关系的原假设等价于 $\rho_i = 1$。第一类统计量的备择假设为 $\rho_i = \rho < 1$，第二类统计量的备择假设为 $\rho_i < 1$。Pedroni（2004）提出的 7 个统计量分别是

$Panel\ v$ 统计量：$Z_1 = \left(\sum_{i=1}^{N} \sum_{t=1}^{T} \widehat{L}^{-2}_{11i} \widehat{e}^2_{it-1} \right)^{-1}$

$Panel\ rho$ 统计量：$Z_2 = \left(\sum_{i=1}^{N} \sum_{t=1}^{T} \widehat{L}^{-2}_{11i} \widehat{e}^2_{it-1} \right)^{-1} \sum_{i=1}^{N} \sum_{t=1}^{T} \widehat{L}^{-2}_{11i} (\widehat{e}_{it-1}\Delta\widehat{e}_{it} - \widehat{\lambda}_i)$

$Panel\ PP\ 统计量: Z_3 = (\tilde{o}_{NT}^2 \sum\limits_{i=1}^{N} \sum\limits_{t=1}^{T} \widehat{L}_{11i}^{-2} \widehat{e}_{it-1}^2)^{-1/2} \sum\limits_{i=1}^{N} \sum\limits_{t=1}^{T} \widehat{L}_{11i}^{-2} (\widehat{e}_{it-1} \Delta \widehat{e}_{it} - \widehat{\lambda}_i)$

$Panel\ ADF\ 统计量: Z_4 = (\widehat{s}^{*2} \sum\limits_{i=1}^{N} \sum\limits_{t=1}^{T} \widehat{L}_{11i}^{-2} \widehat{e}_{it-1}^2)^{-1/2} \sum\limits_{i=1}^{N} \sum\limits_{t=1}^{T} \widehat{L}_{11i}^{-2} \widehat{e}_{it-1} \Delta \widehat{e}_{it}$

$Group\ rho\ 统计量: Z_5 = \sum\limits_{i=1}^{N} (\sum\limits_{t=1}^{T} \widehat{e}_{it-1}^2)^{-1} \sum\limits_{t=1}^{T} (\widehat{e}_{it-1} \Delta \widehat{e}_{it} - \widehat{\lambda}_i)$

$Group\ PP\ 统计量: Z_6 = \sum\limits_{i=1}^{N} (\tilde{o}_{NT}^2 \sum\limits_{t=1}^{T} \widehat{e}_{it-1}^2)^{-1/2} \sum\limits_{t=1}^{T} (\widehat{e}_{it-1} \Delta \widehat{e}_{it} - \widehat{\lambda}_i)$

$Group\ ADF\ 统计量: Z_7 = \sum\limits_{i=1}^{N} (\sum\limits_{t=1}^{T} \widehat{s}_i^2 \widehat{e}_{it-1}^{*2})^{-1/2} \sum\limits_{t=1}^{T} \Delta \widehat{e}_{it-1}^* \Delta \widehat{e}_{it})$

$\widehat{\lambda}_i = \dfrac{1}{T} \sum\limits_{s=1}^{k_i} \left(1 - \dfrac{s}{k_i+1}\right) \sum\limits_{t=s+1}^{T} \widehat{\mu}_{i,t} \widehat{\mu}_{i,t-s}, \widehat{s}_i^2 = \dfrac{1}{T} \sum\limits_{t=1}^{T} \widehat{\mu}_{i,t}^2, \widehat{\sigma}_i^2 = \widehat{s}_i^2 + 2\widehat{\lambda}_i, \widehat{s}_i^{*2} =$

$\dfrac{1}{t} \sum\limits_{t=1}^{T} \widehat{\mu}_{i,t}^{*2}, \tilde{o}_{NT}^2 = \dfrac{1}{N} \sum\limits_{i=1}^{N} \widehat{L}_{11i}^2 = \dfrac{1}{T} \sum\limits_{t=1}^{T} \widehat{\eta}_{i,t}^2 + \dfrac{2}{T} \sum\limits_{s=1}^{k_i} \left(1 - \dfrac{s}{k_i+1}\right) \sum\limits_{t=s+1}^{T} \widehat{\eta}_{i,t} \widehat{\eta}_{i,t-s}$

其中，$\widehat{\mu}_{i,t}$、$\widehat{\mu}_{i,t}^*$ 和 $\widehat{\eta}_{i,t}$ 来自下列回归方程：

$$\widehat{e}_{i,t} = \widehat{\alpha}_i \widehat{e}_{i,t-1} + \widehat{\mu}_{i,t}, \widehat{e}_{i,t}^* = \widehat{\alpha}_i \widehat{e}_{i,t-1} + \sum\limits_{s=1}^{k_i} \widehat{\alpha}_{i,k}$$

$$\Delta \widehat{e}_{i,t-k} + \widehat{\mu}_{i,t}^*, \Delta y_{i,t} = \sum\limits_{m=1}^{M} \widehat{b}_{mi} \Delta x_{mi,t} + \widehat{\eta}_{i,t}$$

研究表明，每一个标准化的统计量均渐近服从标准正态分布（Pedroni，1999、2004）。当各个统计量的绝对值大于 Pedroni（1999）根据蒙特卡罗模拟结果构造的近似临界判别值时，则拒绝原假设，表明"存在协整关系"。本书将对 Pedroni 的 7 个统计量进行综合考虑以判断协整关系是否存在。

（三）面板协整估计方法

完全修正最小二乘法（FMOLS）（Phillips 和 Hansen，1990）和动态最小二乘法（DOLS）（Stock 和 Watson，1993）被提出后，在时间序列的协整关系研究中得到了广泛应用。FMOLS 引入了校正因子，从而有效纠正了因系统扰动相关可能产生的估计偏差；DOLS 引入了解释变量领先与滞后形式的差分变量，从而克服可能存在的序列相关及回归变量内生性等问题。为了对面板协整系数进行有效估计，Pedroni（2000、2001）对传统的 FMOLS 和 DOLS 进行进一步拓展，并提出两类基于 FMOLS 和 DOLS 的面板协整系数估计方法。一是组内面板 FMOLS 和 DOLS 估计法；二是组间面板 FMOLS 和 DOLS 估计法[①]。本书主要对组间面板 DOLS 估计法的基本原理进行说明。考虑以下面板协整关系：

$$Y_{it} = a_i + \beta X_{it} + \varepsilon_{it} \tag{5-11}$$

$$X_{it} = X_{it} + \nu_{it} \tag{5-12}$$

其中，$i = 1,2,\cdots,N$，$t = 1,2,\cdots,T$。a_i 允许各面板单位协整关系中存在不同的固定效应。令 $Z_{it} = (Y_{it},X_{it})' \sim I(1)$，$\psi_{it} = (\varepsilon_{it},\nu_{it})' \sim I(0)$，则非平稳序列之间存在以矩阵 β 为协整系数的长期关系。

在应用组间面板 DOLS 估计法对面板协整系数进行估计的过程中，首先在回归方程中引入解释变量领先与滞后形式的差分变量，从而得到式（5-11）的拓展方程：

$$Y_{it} = a_i + \beta X_{it} + \sum_{k=-K_i}^{K_i} \eta_{it} \Delta X_{it-k} + \varepsilon_{it}^* \tag{5-13}$$

在此基础上，可以得到协整系数 β 的组间面板 DOLS 估计表达式：

$$\widehat{\beta}_{GD} = N^{-1} \sum_{i=1}^{N} \left(\sum_{i=1}^{T} Z_{it} Z'_{it} \right)^{-1} \left(\sum_{i=1}^{T} Z_{it} \widehat{Y}_{it} \right) \tag{5-14}$$

其中，$Z_{it} = (X_{it} - \overline{X}, \Delta X_{it-K}, \cdots, \Delta X_{it+K})$ 是 $2(K+1) \times 1$ 维回归向量，$\widetilde{Y}_{it} = Y_{it} - \overline{Y}_{it}$。

如果用 $\widehat{\beta}_{D,i}$ 表示第 i 个面板单位传统的 DOLS 估计值，则式（5-14）的组间面板 DOLS 估计可重新表述为

$$\widehat{\beta}_{GD} = N^{-1} \sum_{i=1}^{N} \widehat{\beta}_{D,i} \tag{5-15}$$

三、实证结果分析

如前文所述，如果模型（5-3）和模型（5-4）中各变量均为面板单位根，且残差 ε_{1it} 和 ε_{2it} 均为 I（0），则模型（5-3）和模型（5-4）为我国农村金融发展与农民收入的面板协整模型。因此，首先应该检验面板单

[①] 与组内面板估计法相比，组间面板估计法具有较好的小样本性质及灵活的系数假定检验；同时，组间面板估计法可以使我们获得更富解释意义的面板协整系数估计值（杨子晖等，2009）。

位根过程，然后估计模型（5-3）和模型（5-4），最后基于估计的残差检验面板协整。

（一）面板单位根检验

在对横截面个体异质性进行控制的同时，又要形成一个具有较高检验势的检验统计量，是面板单位根检验的主要困难。到目前为止，面板单位根检验尚未达到完全统一，为了克服单一检验方法可能带来的偏差、保证检验结果的稳健性，本书综合采用五种检验方法（LLC、IPS、Fish-ADF、Fish-PP、Hadri）对各变量进行面板单位根检验。由表5-5可见，对全国及东部、中部、西部地区而言，五种检验方法中至少有四种方法表明，$\ln IHO$、$\ln IWS$ 和 $\ln AL$ 三个变量的水平值都是非平稳的，而一阶差分值都是平稳的。同时，考虑到样本数较小及 IPS 检验方法在小样本条件下的有效性，我们重点关注 IPS 检验结果。从 IPS 检验结果来看，各地区三个变量的水平值均不能拒绝单位根假设，而其差分值均在1%的显著性水平下拒绝单位根的原假设。因此，可以最终判定三个变量序列都是非平稳的 I（1）过程。

表5-5　　　　　　　　　　面板单位根检验结果

地区	变量	LLC	IPS	Fish-ADF	Fish-PP	Hadri	结论
全国	$\ln IHO$	-2.17222 (0.0149)	1.57942 (0.9429)	57.2307 (0.5039)	68.3278 (0.1664)	14.6585 (0.0000)	I（1）
	$D(\ln IHO)$	-14.0314 (0.0000)	-12.3895 (0.0000)	244.728 (0.0000)	298.454 (0.0000)	0.82047 (0.2060)	I（0）
	$\ln IWS$	-6.60004 (0.0000)	1.80418 (0.9644)	60.5722 (0.3832)	68.2291 (0.1685)	13.3444 (0.0000)	I（1）
	$D(\ln IWS)$	-12.0529 (0.0000)	-11.6312 (0.0000)	229.757 (0.0000)	236.582 (0.0000)	1.72226 (0.0425)	I（0）
	$\ln AL$	0.35020 (0.6369)	5.49883 (1.0000)	39.9386 (0.9662)	33.0056 (0.9966)	13.2065 (0.0000)	I（1）
	$D(\ln AL)$	-17.0592 (0.0000)	-15.6329 (0.0000)	303.070 (0.0000)	343.674 (0.0000)	0.24988 (0.4013)	I（0）

续表

地区	变量	LLC	IPS	Fish – ADF	Fish – PP	Hadri	结论
东部地区	ln*IHO*	− 2. 67882 (0. 0037)	0. 07975 (0. 5318)	25. 9861 (0. 2523)	19. 4406 (0. 6180)	8. 67671 (0. 0000)	I（1）
	D（ln*IHO*）	− 6. 84255 (0. 0000)	− 7. 01334 (0. 0000)	85. 5726 (0. 0000)	110. 734 (0. 0000)	0. 93933 (0. 1738)	I（0）
	ln*IWS*	− 1. 13924 (0. 1273)	3. 41808 (0. 9997)	8. 93305 (0. 9937)	23. 6398 (0. 3664)	8. 09699 (0. 0000)	I（1）
	D（ln*IWS*）	− 6. 98113 (0. 0000)	− 6. 37479 (0. 0000)	78. 2074 (0. 0000)	86. 2084 (0. 0000)	1. 14157 (0. 1268)	I（0）
	ln*AL*	0. 17987 (0. 5714)	2. 62302 (0. 9956)	17. 5519 (0. 7322)	21. 2735 (0. 5039)	7. 83261 (0. 0000)	I（1）
	D（ln*AL*）	− 9. 77224 (0. 0000)	− 9. 61389 (0. 0000)	116. 129 (0. 0000)	133. 029 (0. 0000)	0. 35168 (0. 3625)	I（0）
中部地区	ln*IHO*	− 0. 52789 (0. 2988)	1. 54572 (0. 9389)	9. 77701 (0. 8780)	12. 0091 (0. 7434)	8. 62256 (0. 0000)	I（1）
	D（ln*IHO*）	− 7. 20846 (0. 0000)	− 5. 51552 (0. 0000)	57. 7320 (0. 0000)	73. 3780 (0. 0000)	− 0. 23276 (0. 5920)	I（0）
	ln*IWS*	− 3. 87090 (0. 0001)	0. 30700 (0. 6206)	14. 5066 (0. 5610)	23. 5590 (0. 0996)	7. 22471 (0. 0000)	I（1）
	D（ln*IWS*）	− 6. 65163 (0. 0000)	− 6. 45298 (0. 0000)	66. 1451 (0. 0000)	61. 6435 (0. 0000)	1. 46977 (0. 0708)	I（0）
	ln*AL*	− 2. 66826 (0. 0038)	1. 57884 (0. 9428)	18. 4638 (0. 2974)	5. 91313 (0. 9890)	7. 52746 (0. 0000)	I（1）
	D（ln*AL*）	− 7. 40753 (0. 0000)	− 6. 83361 (0. 0000)	70. 5213 (0. 0000)	70. 1961 (0. 0000)	− 0. 75147 (0. 7738)	I（0）
西部地区	ln*IHO*	− 0. 31128 (0. 3778)	1. 25729 (0. 8957)	21. 4676 (0. 3701)	36. 8781 (0. 0121)	8. 30143 (0. 0000)	I（1）
	D（ln*IHO*）	− 10. 3694 (0. 0000)	− 8. 81338 (0. 0000)	101. 423 (0. 0000)	114. 342 (0. 0000)	0. 74325 (0. 2287)	I（0）
	ln*IWS*	− 6. 65097 (0. 0000)	− 0. 70562 (0. 2402)	37. 1325 (0. 0113)	21. 0303 (0. 3953)	7. 74626 (0. 0000)	I（1）
	D（ln*IWS*）	− 7. 24451 (0. 0000)	− 7. 34341 (0. 0000)	85. 4043 (0. 0000)	88. 7298 (0. 0000)	0. 58722 (0. 2785)	I（0）

续表

地区	变量	LLC	IPS	Fish – ADF	Fish – PP	Hadri	结论
西部地区	$\ln AL$	3.51924 (0.9998)	5.16214 (1.0000)	3.92287 (1.0000)	5.81898 (0.9991)	7.61285 (0.0000)	I（1）
	$D（\ln AL）$	–12.2910 (0.0000)	–10.4327 (0.0000)	116.420 (0.0000)	140.448 (0.0000)	0.49339 (0.3109)	I（0）

注：（1）括号内为统计量对应的 p 值，D 表示一阶差分；（2）最优滞后阶数根据 Schwarz 信息准则进行选取；（3）检验形式为只带截距项；（4）Hadri 检验与其余四种检验方法不同，它的原假设为数据是 I（0）。

（二）面板协整检验

在面板单位根检验的基础上，可以进行下面的面板协整分析。本书采用 Pedroni（1999，2004）提出的基于残差的面板协整检验方法，分别对 $\ln IHO$ 和 $\ln AL$、$\ln IWS$ 和 $\ln AL2$ 进行协整检验，结果见表 5 – 6。

表 5 – 6　　　　　　　　面板协整检验结果

协整关系（ⅰ）							
地区	Panel v	Panel rho	Panel PP	Panel ADF	Group rho	Group PP	Group ADF
全国	1.2611* (0.1036)	–1.4803* (0.0694)	–3.6976*** (0.0001)	–4.8126*** (0.0000)	–0.5554 (0.2893)	–5.4981*** (0.0000)	–7.5127*** (0.0000)
东部地区	0.2291 (0.4094)	0.5507 (0.7091)	–1.3448* (0.0893)	–4.8952*** (0.0000)	1.6671 (0.9523)	–1.9370** (0.0264)	–5.7170*** (0.0000)
中部地区	2.6743*** (0.0037)	–1.8525** (0.0320)	–2.8638*** (0.0021)	–2.0453** (0.0204)	–0.6897 (0.2452)	–3.2896*** (0.0005)	–3.2481*** (0.0006)
西部地区	1.7376** (0.0411)	–1.7274** (0.0421)	–3.5291*** (0.0002)	–5.0179*** (0.0000)	–0.6268 (0.2654)	–3.8517*** (0.0001)	–6.0069*** (0.0000)
协整关系（ⅱ）							
地区	Panel v	Panel rho	Panel PP	Panel ADF	Group rho	Group PP	Group ADF
全国	1.2216 (0.1109)	–0.7917 (0.2143)	–2.7193*** (0.0033)	–2.3283*** (0.0099)	–0.2543 (0.3996)	–4.3229*** (0.0000)	–4.4183*** (0.0000)
东部地区	3.9084*** (0.0000)	1.5151 (0.9351)	–1.0539 (0.1460)	–3.8161*** (0.0001)	2.4839 (0.9935)	–0.5762 (0.2822)	–5.0731*** (0.0000)

	协整关系（ⅱ）						
地区	Panel v	Panel rho	Panel PP	Panel ADF	Group rho	Group PP	Group ADF
中部地区	2.1954** (0.0141)	− 1.6562** (0.0488)	− 2.7008*** (0.0035)	− 2.6616*** (0.0039)	− 0.628614 (0.2648)	− 2.7915*** (0.0026)	− 3.2694*** (0.0005)
西部地区	1.3974* (0.0812)	− 0.9681 (0.1665)	− 2.0484** (0.0203)	− 3.0323*** (0.0012)	− 0.1402 (0.4442)	− 2.6260*** (0.0043)	− 4.3996*** (0.0000)

注：（1）表中7种统计量均服从正态分布，原假设为不存在协整关系，括号内为统计量对应的收尾概率 p 值，该值依照渐近正态分布计算得到；（2）除了 Panel v 统计量为右尾检定之外，其余统计量均为左尾检定；（3）＊、＊＊、＊＊＊分别表示在10%、5%、1%的显著性水平下显著；（4）（ⅰ）表示对变量组合 lnIHO 和 lnAL 进行面板协整分析，（ⅱ）表示对变量组合 lnIWS 和 lnAL 进行面板协整分析。

根据不同数据的生成过程，Pedroni 检验的7个统计量在小样本情况下具有各自的相对优势。当样本期较长时（T > 100），所有统计量的偏误均较小而且效能很高；但当样本期较短时（T < 20），统计量 Panel v 和统计量 Group PP 的效能较差，而统计量 Panel ADF 和统计量 Group ADF 的效能最好（Pedroni，1999）。由于本书研究的时间跨度为17年（T < 20），因此我们主要依据统计量 Panel ADF 和统计量 Group ADF 的检验结果，其余5个统计量仅作为参考。

表5-6的面板协整检验结果表明，各个地区的统计量 Panel ADF 和统计量 Group ADF 均在1%（或5%）显著性水平下拒绝"没有协整关系"的原假设。因此，对于协整关系（ⅰ）和协整关系（ⅱ），全国和东部地区、中部地区、西部地区四个面板数据均通过了 Pedroni 面板协整检验，表明农村金融发展与农民家庭经营纯收入、农村金融发展与农民工资性收入之间均存在长期均衡关系。

（三）面板协整方程估计及长期均衡分析

在面板协整检验的基础上，为了对面板协整方程进行有效估计，本书分别采用了 Pedroni（2000，2001）的组间面板 FMOLS 方法和 DOLS 方法。表5-7的估计结果显示，绝大部分系数估计值高度显著，表明实证结果可以充分说明相应问题。但是，从 FMOLS 方法和 DOLS 方法的估计结果来看，两者存在一定的差别。而 Kao 和 Chiang（2000）的仿真实验表明，在同质面板或异质面板协整估计中，DOLS 估计法比 FMOLS 估计法具有更好的有限样本性质。因此，本书后续的研究与分析均采用 DOLS 方法的估计结果。

表 5 - 7   面板及个体单位的协整估计结果

地区	模型（5-3）		模型（5-4）	
	PANEL FMOLS	PANEL DOLS	PANEL FMOLS	PANEL DOLS
	$\widehat{\beta}_1$	$\widehat{\beta}_1$	$\widehat{\beta}_2$	$\widehat{\beta}_2$
北 京	0.1108* （2.1344）	0.2122** （10.9794）	0.4799** （10.2928）	0.5703** （26.3092）
天 津	0.333** （11.0413）	0.3238** （208.2532）	0.5093** （8.3611）	0.4142** （59.4357）
河 北	0.1267** （5.4882）	0.1148** （15.1077）	0.2906** （4.4564）	0.2756** （6.4951）
辽 宁	0.2348** （18.1075）	0.2005** （18.6301）	0.4783** （11.7513）	0.4729** （26.2237）
上 海	-0.601* （-1.7637）	-0.7887** （-14.6938）	0.4468 （1.3224）	0.5141** （20.8336）
江 苏	0.0963** （5.6122）	0.0534** （2.9705）	0.4112** （17.8527）	0.3878** （48.0629）
浙 江	0.1516** （7.9645）	0.1307** （24.3529）	0.2890** （26.5007）	0.2810** （113.3746）
福 建	0.2225** （14.4229）	0.1696** （27.3361）	0.4964** （14.2867）	0.4334** （81.1984）
山 东	0.1944** （19.4819）	0.1705** （30.9618）	0.4483** （21.8324）	0.3964** （34.3600）
广 东	0.039473 （0.4101）	0.3754 （0.6290）	0.7288* （1.9623）	0.7717 （0.4315）
海 南	0.302605 （0.6655）	0.9476** （47.7315）	1.6898 （0.7944）	8.0355** （19.8827）
山 西	0.1881** （13.5350）	0.2007** （27.1031）	0.4009** （13.9219）	0.3926** （83.1328）
吉 林	0.2529** （12.0122）	0.1880** （40.0303）	0.6021** （15.0743）	0.5521** （53.1988）
黑龙江	0.2905** （12.0422）	0.2623** （19.6701）	1.0488** （5.1141）	0.8295** （17.1897）

续表

地　区	模型（5-3）		模型（5-4）	
	PANEL FMOLS	PANEL DOLS	PANEL FMOLS	PANEL DOLS
	$\widehat{\beta}_1$	$\widehat{\beta}_1$	$\widehat{\beta}_2$	$\widehat{\beta}_2$
安　徽	0.1249** (5.4820)	0.0714* (2.0106)	0.5164** (12.9555)	0.6119** (21.3324)
江　西	0.2027** (5.0197)	0.1647** (7.8656)	0.6470** (11.9748)	0.6701** (45.8133)
河　南	0.3062** (12.5595)	0.2412** (8.7893)	0.8493** (24.9672)	0.7899** (128.3562)
湖　北	0.1725** (16.2213)	0.1632** (17.1556)	0.7577** (13.0610)	0.8438** (50.2733)
湖　南	0.1066** (4.6951)	0.0602* (2.1405)	0.7431** (10.4119)	0.6609** (14.3949)
内蒙古	0.2596** (7.3249)	0.1761** (3.4600)	0.7300** (9.3354)	0.6819** (13.4218)
广　西	0.1923** (4.0526)	0.0904** (9.6054)	0.8718** (7.0462)	1.0719** (25.4447)
四　川	0.3583** (5.4420)	0.2851** (25.3967)	1.3200** (4.0898)	1.0360** (49.0200)
贵　州	0.0520** (2.8841)	-0.0155 (-1.3220)	0.6849** (25.1468)	0.7730** (78.5294)
云　南	0.2494** (17.8179)	0.2169** (26.3869)	0.5153** (18.6308)	0.4357** (24.5751)
陕　西	0.1135** (4.2103)	0.1005** (3.9752)	0.4673** (16.0308)	0.5315** (36.8696)
甘　肃	0.1251** (8.9196)	0.1406** (5.4698)	0.7570** (14.1737)	0.5904** (10.1316)
青　海	0.0322** (2.7703)	0.0290** (3.6488)	0.5308** (4.1835)	0.5517** (5.3822)
宁　夏	0.1431** (6.3286)	0.1029** (25.1873)	0.4231** (5.9762)	0.3413** (10.0204)
新　疆	0.4961** (10.8204)	0.7066** (15.9437)	1.1267** (7.6761)	0.8587** (6.4290)

续表

地 区	模型 (5-3)		模型 (5-4)	
	PANEL FMOLS	PANEL DOLS	PANEL FMOLS	PANEL DOLS
	$\widehat{\beta}_1$	$\widehat{\beta}_1$	$\widehat{\beta}_2$	$\widehat{\beta}_2$
全 国	0.1682** (43.7689)	0.1757** (114.1609)	0.6642** (62.9848)	0.8543** (206.1446)
东部地区	0.1101** (25.1957)	0.1736** (112.2401)	0.1736** (112.2401)	1.1412** (131.6421)
中部地区	0.2056** (28.8383)	0.1690** (44.1111)	0.6957** (38.0002)	0.6689** (146.2619)
西部地区	0.2022** (22.3164)	0.1833** (37.2364)	0.7427** (35.5090)	0.6872** (82.1635)

注：*、**分别表示在10%、1%的显著性水平下显著，括号内为t统计值。

模型（5-3）和模型（5-4）的估计结果显示，从长期来看，全国农业信贷每增加1个百分点，农民家庭经营纯收入会增加0.1757个百分点，而农民工资性收入会增加0.8543个百分点。可见，全国农业信贷对农民家庭经营纯收入的支持效率较低，而对农民工资性收入的拉动作用较大。同时，我们对各个单位样本进行比较后发现，各省份农业信贷对农民家庭经营纯收入和工资性收入的长期效应不尽相同。其中，上海的$\widehat{\beta}_1$显著为负，说明其农业信贷对农民家庭经营纯收入增长的效应是负面的；贵州的$\widehat{\beta}_1$接近于零且不显著，说明其农业信贷水平的提高不能影响农民家庭经营纯收入的增长。海南的$\widehat{\beta}_1$和$\widehat{\beta}_2$显著为正并且明显高于其他省份（$\widehat{\beta}_1=0.9476$，$\widehat{\beta}_2=8.0355$），说明其农业信贷能够在很大程度上拉动农民家庭经营纯收入和工资性收入的增长。

为了进一步了解农村金融发展对农民收入长期影响效应的区域差异，本书分区域对全国各省份的面板数据进行协整估计。结果表明，东部、中部和西部地区的$\widehat{\beta}_1$和$\widehat{\beta}_2$均为正，并且在1%的显著性水平下显著。说明在这三个地区，农业信贷水平的提高，能够显著促进农民家庭经营纯收入和工资性收入的增长；同时，农业信贷对农民工资性收入的影响程度要高于农民家庭经营纯收入（各地区$\widehat{\beta}_2>\widehat{\beta}_1$）。在对中部、东部、西部地区的比较中我们发现，三个地区的 $\hat{\beta}_1$ 差别不大，而东部地区的 $\hat{\beta}_2$ 与中西部地区差别较大。具体而言，从农业信贷对农民家庭经营纯收入的影响来看，虽然西部地区的正效应最强（$\hat{\beta}_1 = 0.1833$，略高于全国平均水平），但与东部地区和中部地区（$\hat{\beta}_1$ 分别为 0.1736、0.1690）的差别较小；从农业信贷对农民工资性收入的影响来看，东部地区的正效应最强（$\hat{\beta}_2 = 1.1412$，高于全国平均水平），中部地区和西部地区较弱（$\hat{\beta}_2$ 分别为 0.6689、0.6872）。

上述面板协整估计结果的分析具体说明了我国农民家庭经营纯收入和工资性收入水平的变化取决于农业信贷水平的高低，农业信贷资金供给的增加对农民收入的提高具有长期促进效应。我们的研究结论与 Binswanger 和 Khandker（1995）、Khandker 和 Faruqee（2003）、周小斌和李秉龙（2003）的研究结论存在相似之处，均指出农业信贷对农民收入或农业产出具有正效应。所不同的是，我们采用面板协整分析方法，基于区域差异视角，通过分别考察农业信贷与农民家庭经营纯收入、农业信贷与农民工资性收入之间的关系，来说明农业信贷对农民收入的具体影响效应，从而得出更符合客观实际的结论。

（四）面板误差修正模型及短期调整过程

表 5 - 8　　　　　　　　　　面板误差修正模型估计结果

模型	变量	全　国	东部地区	中部地区	西部地区
模型（5 - 5）	$\widehat{\gamma_1}$	- 0.1895** (- 6.4455)	- 0.0682* (- 1.9313)	- 0.4512** (- 5.3827)	- 0.3209** (- 6.1145)
模型（5 - 6）	$\widehat{\gamma_2}$	0.0741 (0.8939)	0.1104 (0.9588)	- 0.2040 (- 1.0807)	0.1907 (1.2432)
模型（5 - 7）	$\widehat{\gamma_3}$	- 0.0943** (- 7.0699)	- 0.0636** (- 3.8555)	- 0.2599** (- 6.6165)	- 0.1326** (- 4.9634)
模型（5 - 8）	$\widehat{\gamma_4}$	0.0749** (2.7105)	0.0318 (1.2069)	0.2333** (2.7382)	0.2206** (3.5413)

注：（1）括号内为对应的 t 值；（2）＊、＊＊分别表示在10%、1%的显著性水平下显著；（3）根据 DW 值判断自相关性，选择1阶最优滞后项；（4）由于本书着重考察协整关系的调节效应，且限于篇幅，因此表5-8只报告调节系数的估计结果。

面板协整模型的估计和检验证实了我国农村金融发展与农民家庭经营纯收入、农村金融发展与农民工资性收入之间存在长期均衡关系，并且呈现出一定的区域特征。从 Granger 协整表述定理可知，这种长期稳定关系对于农村金融发展和农民收入的短期变化应该具有调节效应，面板误差修正模型（5-5）至模型（5-8）的估计结果揭示了农村金融发展与农民收入的短期动态调整效应，这种调整效应由表 5-8 中的 $\widehat{\gamma}_1$、$\widehat{\gamma}_2$ 和 $\widehat{\gamma}_3$、$\widehat{\gamma}_4$ 所刻画。由于我们着重考察的是协整关系调节效应，因此下面主要分析调节系数的估计结果。

首先，$\widehat{\gamma}_1 < 0$ 和 $\widehat{\gamma}_3 < 0$（均在 1% 的显著性水平下显著），分别从理论上进一步印证了估计的模型（5-3）和模型（5-4）为面板协整模型。该结果表明，农村金融发展与农民家庭经营纯收入、农村金融发展与农民工资性收入之间的长期稳定（协整）关系，分别对短期农民家庭经营纯收入和工资性收入的增长具有抑制效应。这一结果产生的经济意义为：现阶段我国应该进一步加大提高农民收入水平的直接措施和短期政策的力度，如减轻农民负担、增加农业补贴和投入、提高农民工待遇等，使之有效增加农民收入，从而弱化这种短期抑制效应（王少平、欧阳志刚，2007）。此外，我国不同地区的短期调节效应具有不同特征。农村金融发展水平较高的东部地区（见图 5-4）对农民家庭经营纯收入和工资性收入增长的调节效应明显弱于农村金融发展水平较低的中部地区和西部地区。这意味着各地区农民家庭经营纯收入和工资性收入回归至均衡水平的收敛速度表现不同。中西部地区较大的短期调节效应将促使其农民家庭经营纯收入和工资性收入的短期波动迅速向其长期均衡水平收敛，从而加速了中西部地区的农民家庭经营纯收入和工资性收入随着其农业信贷水平的提高而上升的过程。

其次，$\widehat{\gamma}_2 > 0$ 但 t 值很小，隐含着农村金融发展与农民家庭经营纯收入的长期稳定（协整）关系对农业信贷水平提高的短期刺激效应并不显著。分地区来看，除中部地区为 $\widehat{\gamma}_2 < 0$ 以外，东部地区和西部地区均为 $\widehat{\gamma}_2 > 0$，但其 t 值均很小，这一结果表明各地区农村金融发展水平与农民家庭经营纯收入的长期均衡关系对农业信贷水平的短期调节效应（促进或抑制）不显著。

最后，$\widehat{\gamma_4} > 0$（1%的显著性水平下显著），隐含着农村金融发展与农民工资性收入的长期稳定（协整）关系对农业信贷水平的提高具有短期促进作用。分地区来看，中部地区和西部地区的促进效应最强，说明这些地区对农业信贷资金增加的短期作用更大。而东部地区的 $\widehat{\gamma_4}$ 很小（接近于零）且不具有统计显著性，说明东部地区不存在对农业信贷资金供给的短期调节效应。因此，东部地区应该以更加积极的政策直接增加农业信贷供给，从而弥补其短期正向调节效应的不足。

第三节　农村金融发展对农民收入影响的空间面板计量分析

现有文献在研究过程中往往将不同地区视为相互独立的经济个体，而忽略了彼此之间在地理空间上的依赖性。然而，随着我国农村交通基础设施和网络建设的不断完善，不同地区之间的生产要素流动和信息沟通越来越顺畅，地区之间的空间依赖性客观存在[①]，需要考虑空间溢出效应。因此，本节基于空间视角研究中国农村金融发展对农民收入的影响，可以进一步深刻揭示我国各区域之间农村金融发展与农民收入的互相影响关系。

一、空间计量方法

（一）空间相关性检验

依据空间计量经济学的基本原理和方法，在建立空间计量模型之前，需要判断变量是否存在空间依赖性，即需要进行空间相关性检验。本节采用Moran（1950）提出的空间自相关指数 *Moran's I* 来检验我国农民收入增长是否具有空间相关性。

---

① 几乎所有空间数据都具有空间依赖性或空间自相关特征（Anselin，1988）。

Moran's I 定义为

$$Moran's\ I = \frac{\sum_{i=1}^{n}\sum_{j=1}^{n}W_{ij}(Y_{ij}-\bar{Y})}{S^2\sum_{i=1}^{n}\sum_{j=1}^{n}W_{ij}} \tag{5-16}$$

其中，$S^2 = \frac{1}{n}\sum_{i=1}^{n}(Y_i-\bar{Y})$，$\bar{Y}=\frac{1}{n}\sum_{i=1}^{n}Y_i$，$Y_{ij}$ 表示第 i 个地区的观测值，n 表示地区总数。W_{ij} 为 0 - 1 矩阵，即二进制的邻接空间权值矩阵，用来表示空间对象的相互邻接关系；两个地区相邻取 1，两个地区不相邻取 0。二进制的邻接空间权值矩阵表达式如下：

$$W_{ij} = \begin{cases} 1,\text{区域 } i \text{ 和区域 } j \text{ 相邻} \\ \\ 0,\text{区域 } i \text{ 和区域 } j \text{ 不相邻} \end{cases} \quad i,j = 1,2,\cdots,N, i \neq j \tag{5-17}$$

依据数据的分布可以计算出状态分布 *Moran's I* 的期望值：

$$E_n(I) = -\frac{1}{n-1}$$

$$VaR_n(I) = \frac{n^2 w_1 + n w_2 + 3w_0^2}{w_0^2(n^2-1)} - E_n^2(I) \tag{5-18}$$

其中，$w_0 = \sum_{i=1}^{n}\sum_{j=1}^{n}w_{ij}$，$w_1 = \frac{1}{2}\sum_{i=1}^{n}\sum_{j=1}^{n}(w_{ij}+w_{ji})^2$，$w_2 = \sum_{i=1}^{n}(w_{i.}+w_j)^2$，$w_i$、$w_j$ 分别表示空间权值矩阵的 i 行、j 列之和。

式（5-19）可以用来检验 n 个区域是否存在空间自相关关系：

$$Z(d) = \frac{Moran's\ I - E(I)}{\sqrt{VaR(I)}} \tag{5-19}$$

如果 *Moran's I* 的正态统计量 $Z(d)$ 值均大于正态分布函数 0.05（0.01）置信水平上的临界值 1.65（1.96），则表明指标的统计观测值具有空间依赖性，也就是说，该指标在空间分布上具有明显的空间正相关关系。进一步地，通过在二维平面上绘制空间相关系数 *Moran's I* 指数的散点图，可以把各地区的该指标分为 4 个象限的集群模式，用来清晰地识别一个区域与其邻近区域的关系。其中，第一象限为"高—高"组合（H-H），表示该指标高统计值的地区被同是高统计值的地区所包围；第二象限为"低—高"组合（L-H），表示该指标低统计值的地区被高统计值的地区所包围；第三象限为"低—低"组合（L-L），表示该指标低统计值的地区被同是低统计值的地区所包围；第四象限为"高—低"组合（H-L），表示该指标低统计值的地区被同是低统计值的地区所包围。

（二）空间计量模型

空间计量经济学模型有很多种，本节使用的空间计量经济学模型主要是纳入了空间效应的空间常系数回归模型，包括空间滞后模型（SLM）与空间误差模型（SEM）。这两种模型的主要区别在于：空间滞后模型（SLM）考察因变量在各子区域的空间相关性，探讨变量在一个地区是否具有溢出效应；而空间误差模型（SEM）则考察存在于误差扰动项中的空间依赖作用，探讨的是邻近地区对因变量的误差的影响在多大程度上影响了本地的观测值。

空间滞后模型（SLM）通过对因变量引入空间加权矩阵来修正经典回归模型，具体表达形式如下：

$$y = \rho W y + X\beta + \varepsilon \tag{5-20}$$

其中，y 表示因变量；ρ 表示空间自回归系数；X 表示 $n \times k$ 的外生解释变量矩阵；W 表示 $n \times n$ 空间权重矩阵；Wy 表示空间滞后因变量；ε 为随机误差向量。

空间误差模型（SEM）是在误差修正项中引入空间加权矩阵来修正模型，其形式为

$$y = X\beta + \varepsilon$$
$$\varepsilon = \lambda W + \mu \tag{5-21}$$

其中，ε 为随机误差项；λ 为 $n \times 1$ 的截面因变量的空间误差系数；μ 为正态分布的随机误差向量。参数 λ 衡量了样本观测值中的空间依赖作用，即相邻地区的观测值 y 对本地区观测值 y 的影响方向和程度，参数 β 反映了自变量 X 对因变量 y 的影响。

二、指标设计与实证模型构建

（一）指标体系设计

1. 被解释变量。被解释变量为农民收入（INC），用农村居民人均纯收入①来衡量，并用以 1990 年为基期的农村居民消费价格指数消除通货膨胀的影响。数据来源于《新中国六十年统计资料汇编》和《中国统计年鉴》（2010—2019 年）。

2. 核心解释变量。核心解释变量为农村金融发展（FIN），用农村人均农业贷款余额来衡量。数据来源于《新中国六十年统计资料汇编》、各省份统计年鉴或经济年鉴（2010—2019 年）、《中国农村统计年鉴》（2010—2019 年）。

3. 控制变量。在影响农民收入的因素中，本书主要考察农村金融发展水平的作用，但是在空间计量分析中其他因素也不能忽视。参考已有的相关文献，同时考虑到农民收入增长的特征和数据的可获得性，本节主要选择农村人力资本（HUM）、农村财政支持（PUB）和农村投资水平（INV）作为控制变量。数据来源于《新中国六十年统计资料汇编》、《中国农村统计年鉴》（1990—2019 年）、《中国统计年鉴》（2010—2019 年）、《中国固定资产投资统计数典 1995—2000》。

表 5 - 9 显示了各变量的度量与定义。在样本选择上，由于西藏地区各指标数据缺失比较严重，并且香港、澳门和台湾地区数据不可得，因此本节研究对象不包括这 4 个地区；同时考虑到 1997 年重庆从四川分离，数据系列不完整，本节将两者合并，统一计入四川。因此，最终选取我国 29 个省级地区作为研究样本，研究时间范围为 1990—2018 年。个别年份缺失的数据利用移

---

① 2014—2018 年，由于《中国统计年鉴》对农村居民收入的统计口径发生了变化，本节用农村居民人均可支配收入替代农村居民人均纯收入。农村居民人均纯收入是指农村居民家庭全年总收入中，扣除从事生产和非生产经营费用支出、缴纳税款和上交承包集体任务金额以后剩余的，可直接用于进行生产性、非生产性建设投资、生活消费和积蓄的收入，包括家庭经营纯收入、工资性收入、转移性收入和财产性收入；农村居民可支配收入是指农村居民家庭全年总收入中，扣除各类相应的支出后，得到的初次分配与再分配后的收入，包括工资性收入、经营性收入、财产净收入和转移净收入。

动平均法进行补充。

表 5 - 9　　　　　　　　　　变量度量与定义

变量性质	变量名称	变量标识	变量含义
被解释变量	农民收入	INC	消除价格影响的农村居民收入
核心解释变量	农村金融发展	FIN	农业贷款余额与农村从业人员总数之比
控制变量	农村人力资本	HUM	农村平均受教育年限①
	农村财政支持	PUB	地方财政支农支出与财政总支出之比
	农村投资水平	INV	农村固定资产投资与农村地区生总值之比

（二）实证模型构建

为了考察中国农村金融发展对农民收入的影响，依据柯布—道格拉斯生产函数，建立如下基本模型：

$$\ln INC_{it} = \alpha_0 + \alpha_1 \ln FIN_{it} + \alpha_2 \ln HUM_{it} + \alpha_3 \ln PUB_{it} + \alpha_4 \ln INV_{it} + \varepsilon_{it}$$

$$(5 - 22)$$

其中，i 表示地区；t 表示年份；α_0 表示截距项；α_1、α_2、α_3、α_4 表示待估参数；ε_{it} 表示随机扰动项。

为了考察中国农村金融发展对农民收入影响的空间溢出效应，在式（5 - 22）的基础上进一步构建空间滞后模型（SLM）和空间误差模型（SEM）。其中，空间滞后模型（SLM）主要研究农民收入增长在一个地区是否有外溢效应；空间误差模型（SEM）则用来度量分析邻近地区关于农民收入增长的误差冲击对本地区的影响程度。

空间滞后模型（SLM）的表达式为

$$\ln INC_{it} = \rho W \ln INC_{it} + \alpha_0 + \alpha_1 \ln FIN_{it} + \alpha_2 \ln HUM_{it} + \alpha_3 \ln PUB_{it} + \alpha_4 \ln INV_{it} + \varepsilon_{it}$$

$$(5 - 23)$$

其中，ρ 表示反映观测值空间依赖程度的系数；W 是 $n \times n$ 的空间加权矩阵，表示不同省级地区在地理上的相邻关系。

---

① 具体核算方法见本章第一节，此处不再赘述。

空间误差模型（SEM）的表达式为

$$\ln INC_{it} = \alpha_0 + \alpha_1 \ln FIN_{it} + \alpha_2 \ln HUM_{it} + \alpha_3 \ln PUB_{it} + \alpha_4 \ln INV_{it} + \varepsilon_{it}$$

$$\varepsilon_{it} = \lambda W \varepsilon_{it} + \mu_{it} \tag{5 - 24}$$

其中，λ 表示空间依赖对误差项影响程度的系数；W 表示与空间滞后模型（SLM）相同的空间加权矩阵；μ_{it} 表示随机扰动项。

由于存在空间相关性，用传统 OLS 方法估计空间滞后模型（SLM）不仅是有偏的，而且是不一致的；同时，用传统 OLS 方法估计空间误差模型（SEM）虽然是无偏的，但却不是有效的。为了克服这个问题，本节拟使用 Elhorst（2003）针对空间面板模型的极大似然估计法，并运用对数似然函数值（Log - Likelihood）来判别模型的适宜性。

三、实证结果分析

（一）农民收入增长的空间相关性检验

2018 年我国 31 个省级地区农民收入在地理空间分布上的分位图显示，随着农民收入指数值由小到大，地图中的颜色由浅到深。从而可以初步判断，我国农民收入存在空间相关性，在一定程度上形成了空间集群；并且东部沿海地区的农民收入水平比较高，从东部地区到中部地区再到西部地区，农民收入水平逐渐递减。

进一步地，可依据式（5 - 16）计算出 1990—2018 年农民收入增长的空间自相关指数 Moran's I 值，同时结合式（5 - 19）判断历年农民收入增长的空间相关性。表 5 - 10 显示了 1990—2018 年中国农民收入增长的空间相关性检验结果。从中可以发现，农民收入增长的 Moran's I 值从 1990 年的 0.284 到 2018 年的 0.342（历年平均值为 0.285），并且正态统计量 Z（d）值均大于正态分布函数在 1% 或 5% 显著性水平下的临界值，说明拒绝了原假设"农民收入增长空间随机分布"，结果表明 1990—2018 年中国农民收入增长会受到邻近地区相关因素的影响，在空间地理位置上存在显著的空间集群趋势。

表 5 - 10　　　　中国农民收入增长的空间相关性检验结果

年份	Moran's I	P 值	年份	Moran's I	P 值
1990	0.284	0.014	2005	0.281	0.004
1991	0.281	0.011	2006	0.279	0.002
1992	0.275	0.026	2007	0.287	0.006
1993	0.272	0.013	2008	0.293	0.003
1994	0.263	0.007	2009	0.301	0.000
1995	0.256	0.005	2010	0.312	0.016
1996	0.244	0.000	2011	0.327	0.006
1997	0.235	0.015	2012	0.319	0.003
1998	0.227	0.005	2013	0.329	0.019
1999	0.234	0.006	2014	0.335	0.004
2000	0.251	0.003	2015	0.337	0.002
2001	0.257	0.001	2016	0.340	0.005
2002	0.243	0.002	2017	0.336	0.006
2003	0.261	0.015	2018	0.342	0.003
2004	0.265	0.003	均值	0.258	0.007

图 5 - 9 显示了 1990—2018 年中国农民收入增长空间相关性的变化趋势。1990—2000 年，农民收入增长的 Moran's I 值整体呈现下降趋势；而 2000—2018 年，农民收入增长的 Moran's I 值整体呈现上升趋势。其可能的原因在于：2000 年之后，随着中国农业和农村经济结构的战略性调整、交通网络等

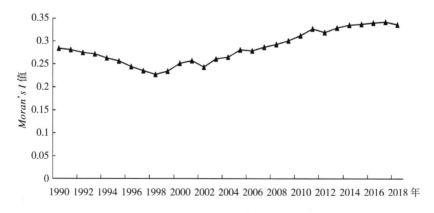

图 5 - 9　1990—2018 年中国农民收入增长空间相关性的变化趋势

基础设施的日益完善以及科技水平的不断提升，各地区之间农业资源的流动性进一步加强，从而拓展了区域农村经济发展和农民收入增长辐射的边界。

图 5 – 10 是 2018 年我国各地区农民收入增长的 *Moran's I* 散点图。该图显示了以农民收入指标 INC 为横轴、空间滞后 W_ INC（邻近值的加权平均值）为纵轴的分布情况。北京、上海、浙江、江苏、天津、山东、湖北、福建、河北、河南、湖南等地区处于第一象限，属于"高农民收入增长—高空间滞后"集群（H – H）；安徽、江西、广西、吉林、山西、贵州等地区处于第二象限，属于"低农民收入增长—高空间滞后"集群（L – H）；宁夏、甘肃、青海、内蒙古、云南、新疆、西藏等地区处于第三象限，属于"低农民收入增长—低空间滞后"集群（L – L）；黑龙江、四川、辽宁等地区处于第四象限，属于"高农民收入增长—低空间滞后"集群（H – L）；广东跨越第一象限和第四象限，陕西和海南跨越第二象限和第三象限。统计得出，大约 61% 的地区存在正向空间自相关，大约 29% 的地区偏离了全域空间自相关。农民收入增长的第一象限和第三象限这种局域集群的 H – H 和 L – L 分化，从某种程度上可以认为我国区域农民收入增长存在地理空间分布上的异质性与依赖性。

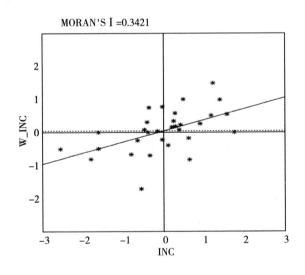

图 5 – 10　2018 年农民收入增长的 *Moran's I* 散点图

（二）基本回归结果分析

表 5 – 11 显示了中国农村金融发展对农民收入影响的空间面板估计结果。为了保证结果的稳健性，同时对传统面板模型、空间滞后模型（SLM）、空间误差模型（SEM）进行了估计。从各模型估计结果看，中国农村金融发展（FIN）能够显著促进农民收入的提高，同时人力资本（HUM）、财政支持（PUB）、投资水平（INV）对农民收入的提高也具有显著的正面影响，这与前文的研究结论保持一致。但是，从全国整体层面来看，$WlnINC$ 和 $W\varepsilon$ 的系数估计值并不显著，说明农民收入增长的空间溢出效应并不明显。其可能的原因在于面板数据的时间跨度过长或样本数量过多，因此下文进一步把样本分不同时间段和区域进行空间溢出效应分析。

表 5 – 11 　　　　　　　　　中国农村金融发展对农民收入

影响的空间面板估计结果（1990—2018 年）

变量	传统个体固定效应	SLM 模型			SEM 模型		
		空间固定	时间固定	时空固定	空间固定	时间固定	时空固定
FIN	0.034** (3.207)	0.041* (1.876)	0.052** (2.329)	0.038* (1.954)	0.045* (1.866)	0.054** (3.131)	0.040* (1.914)
HUM	0.025 (0.121)	0.012** (3.156)	0.043 (0.665)	0.039* (1.798)	0.017* (1.882)	0.031** (2.457)	0.068* (1.934)
PUB	0.017** (2.541)	0.034** (2.985)	0.019** (2.473)	0.237 (0.987)	0.029* (1.901)	0.022 (0.569)	0.017* (1.782)
INV	0.054** (2.136)	0.047* (1.805)	0.013* (1.903)	0.061 (1.326)	0.058* (1.816)	0.019*** (5.326)	0.098 (1.473)
WlnINC		0.017* (1.813)	0.007 (1.115)	0.222 (0.613)			
$W\varepsilon$					0.031 (0.124)	0.012* (1.890)	0.021 (0.986)
Adjust – R^2	0.964	0.897	0.873	0.854	0.914	0.906	0.803
logL	288.636	216.035	321.982	301.225	285.441	259.626	298.54

注：（1）圆括号内为 t 值；（2）*、**、***分别表示在 10%、5%、1% 的显著性水平下显著。

（三）分时间段回归结果分析

延续本章第一节的分析，将样本数据划分为 1990—1999 年、2000—2009 年和 2010—2018 年三个时间段，分别运用空间滞后模型（SLM）和空间误差模型（SEM）进行空间面板估计。由表 5 - 12 的估计结果可见，在 SLM 模型中，$W\ln INC$ 的系数估计值均在 1% 或 5% 的显著性水平上显著为正，并且 1990—1999 年、2000—2009 年、2010—2018 年三个时间段的系数估计值从 0.098、0.164 到 0.265 依次递增。这表明我国农民收入增长具有显著的正向空间溢出效应，并且随着时间的推移，这种正向空间溢出效应会逐渐增强。同时，农村金融发展（FIN）的系数估计值均显著为正，表明中国农村金融发展能够促进农民收入增长；三个时间段的系数估计值分别为 0.023、0.045、0.117，表明中国农村金融发展的收入效应不断加强。

表 5 - 12　　　　　　　　不同时间段中国农村金融发展
对农民收入影响的空间面板估计结果

变量	SLM 模型			SEM 模型		
	1990—1999 年	2000—2009 年	2010—2018 年	1990—1999 年	2000—2009 年	2010—2018 年
FIN	0.023** (2.308)	0.045*** (4.867)	0.117** (2.507)	0.028* (1.794)	0.053** (2.311)	0.139** (2.425)
HUM	0.051** (2.216)	0.137 (1.108)	0.214*** (5.607)	0.062*** (4.786)	0.104* (1.806)	0.238** (2.521)
PUB	0.143 (1.004)	0.211** (2.389)	0.118* (1.867)	0.124*** (6.098)	0.235** (2.136)	0.178* (1.873)
INV	0.214*** (4.678)	0.136* (1.877)	0.097 (0.389)	0.265* (1.809)	0.104 (1.213)	0.118** (2.281)
$W\ln INC$	0.098** (2.335)	0.164* (1.769)	0.265*** (5.326)			
$W\varepsilon$				0.031** (2.509)	0.106*** (3.985)	0.192** (2.412)
Adjust - R^2	0.912	0.876	0.863	0.876	0.934	0.895
logL	269.163	243.571	354.67	287.411	254.762	213.087

注：（1）圆括号内为 t 值；（2）*、**、***分别表示在 10%、5%、1% 的显著性水平下显著。

在 SEM 模型中，$W\varepsilon$ 的系数估计值均显著为正，并且 1990—1999 年、2000—2009 年、2010—2018 年三个时间段的系数估计值从 0.031、0.106 到 0.192 依次递增。这表明三个时间段农民收入增长除了受到农村金融发展、人力资本、财政支持和投资水平影响外，还会受到相邻地区产业结构、农机投入、就业结构或经济发展水平等其他不可观测因素的正向影响，并且随着时间的推移，这种正向影响效应会逐渐增强。进一步通过比较 SLM 模型和 SEM 模型的系数估计值可以发现，在相邻地区不可观测因素的影响下，三个时间段农村金融发展（FIN）、人力资本（HUM）、财政支持（PUB）和投资水平（INV）等系数的估计值均没有发生显著变化，说明结果相对稳健。

（四）分区域回归结果分析

表 5 - 13 显示了我国不同区域农村金融发展对农民收入影响的空间面板估计结果。由估计结果可知，在 SLM 模型中，$WlnINC$ 的系数估计值均在 1% 或 5% 的显著性水平上显著为正，并且东部、中部、西部三个地区的系数估计值从 0.196、0.175 到 0.119 依次递减。这表明我国农民收入增长具有显著的正向空间溢出效应，并且从东部地区到中部地区再到西部地区，这种正向空间溢出效应会逐渐减弱。同时，农村金融发展（FIN）的系数估计值均显著为正，表明中国农村金融发展能够促进农民收入增长；东部、中部、西部三个地区的系数估计值分别为 0.168、0.153、0.116，表明中国农村金融发展的收入效应从东部地区到中部地区再到西部地区依次递减，与本章第一节的结论保持一致。

表 5 - 13 不同区域农村金融发展对农民收入影响的空间面板估计结果

变量	SLM 模型			SEM 模型		
	东部地区	中部地区	西部地区	东部地区	中部地区	西部地区
FIN	0.168** (2.807)	0.153** (2.758)	0.116*** (4.572)	0.153*** (5.356)	0.141* (1.801)	0.127** (2.609)
HUM	0.153** (2.723)	0.138* (1.809)	0.107 (0.176)	0.159* (1.766)	0.142** (3.018)	0.105* (1.907)
PUB	0.138** (2.898)	0.117* (1.843)	0.105*** (4.824)	0.143** (2.551)	0.129 (1.201)	0.113** (2.975)

续表

变量	SLM 模型			SEM 模型		
	东部地区	中部地区	西部地区	东部地区	中部地区	西部地区
INV	0.079** (2.416)	0.152** (3.011)	0.142* (1.912)	0.083* (1.893)	0.142*** (3.871)	0.136 (0.567)
*W*ln*INC*	0.196*** (3.988)	0.175** (2.754)	0.119*** (4.265)			
$W\varepsilon$				0.167* (1.907)	0.206** (2.876)	0.231*** (5.319)
Adjust – R^2	0.843	0.972	0.887	0.919	0.874	0.911
logL	231.87	287.65	214.89	325.127	224.553	214.681

注：（1）圆括号内为 t 值；（2）＊、＊＊、＊＊＊分别表示在 10%、5%、1% 的显著性水平下显著。

在 SEM 模型中，$W\varepsilon$ 的系数估计值均显著为正，并且东部、中部、西部三个地区的系数估计值从 0.0167、0.206 到 0.231 依次递增。这表明三个地区农民收入增长除受到了农村金融发展、人力资本、财政支持和投资水平影响外，还会受到相邻地区产业结构、农机投入、就业结构或经济发展水平等其他不可观测因素的正向影响，并且从东部地区到中部地区再到西部地区，这种正向影响效应会逐渐增强。进一步通过比较 SLM 模型和 SEM 模型的系数估计值可以发现，在相邻地区不可观测因素的影响下，三个地区农村金融发展（*FIN*）、人力资本（*HUM*）、财政支持（*PUB*）和投资水平（*INV*）等系数的估计值均没有发生显著变化，说明结果相对稳健。

第四节　本章小结

与以往文献的研究重点不同，本章主要关注农村金融发展收入效应的区域差异。第一节利用中国 23 个省级地区 1989—2009 年的面板数据，将虚拟变量引入模型中，采用固定效应方法，对农村金融发展的收入效应进行了实证分析，研究结论为：（1）农村金融发展的收入效应存在显著的地区差异。在东部地区和中部地区，农村金融发展对农民收入具有显著的正面影响，并且东部地区的效应大于中部地区；而在西部地区，农村金融发展对农民收入具有显著的负面影响。从东部地区到中部地区再到西部地区，农村金融发展的收入效应呈递减趋势，其地区差异较大。（2）东部地区和中部地区农村金融发展的收入效应存在显著的时间差异，而这种差异在西部地区并不存在。在1988—1998年和1999—2008年这两个时期内，东部地区和中部地区农村金融发展对农民收入的正面影响进一步增强。（3）人力资本、财政支持、就业结构、产业结构和投资水平对农民收入的提高有显著的正面影响。提高农民受教育程度、加大财政支农力度、增加农村固定资产投资，能够有效提高农民的收入水平。

第二节利用中国29个省级地区1993—2009年的面板数据，基于面板协整和误差修正模型，分析了中国农村金融发展与农民收入之间的长期均衡关系与短期调整过程，研究结论为：（1）对面板协整的分析表明，农村金融发展与农民家庭经营纯收入、农村金融发展与农民工资性收入之间存在长期稳定关系。从长期来看，全国农业信贷每增加1个百分点，农民家庭经营纯收入会增加0.1757个百分点，而农民工资性收入会增加0.8543个百分点。可见，全国农业信贷对农民家庭经营纯收入的拉动作用较小，而对农民工资性收入的拉动作用较大。分地区来看，农业信贷对农民家庭经营纯收入的长期正效应不存在显著的区域差异；而各地区农业信贷对农民工资性收入的长期正效应却不尽相同，东部地区的效应明显大于中西部地区。（2）对面板误差修正模型的分析表明，农村金融发展与农民家庭经营纯收入、农村金融发展与农民工资性收入之间的长期稳定（协整）关系，分别对短期农民家庭经营纯收入和工资性收入的增长具有抑制效应。并且，不同地区的短期调节效应具有不同特征，东部地区的调节效应明显弱于中西部地区。同时，农村金融发展与农民家庭经营纯收入的协整关系对农业信贷的短期刺激效应不显著；而农村金融发展与农民工资性收入的协整关系对农业信贷具有短期促进作用，且中西部地区对农业信贷资金增加的刺激效应较大，而东部地区不存在该效应。

第三节利用中国29个省级地区1990—2018年的面板数据，基于空间滞后模型和空间误差模型，分析了农村金融发展对农民收入增长的空间溢出效应，研究结论为：（1）我国农村金融发展对农民收入增长具有显著的正面影响，同时具有显著的时间差异和区域差异，该结论与本章第一节的结论基本保持一致。（2）分时间段和分区域的检验结果表明，我国农民收入增长具有显著的正向空间溢出效应；在1990—1999年、2000—2009年、2010—2018年三个时间段，这种正向空间溢出效应依次递增；在东部、中部、西部三个地区，这种正向空间溢出效应依次递减。（3）我国农民收入增长除了受到农村金融发展、人力资本、财政支持和投资水平影响外，还会受到相邻地区产业结构、农机投入、就业结构或经济发展水平等其他不可观测因素的正向影响，这种正向影响效应随着时间的推移、从东部地区到中部地区再到西部地区会逐渐增强。

农村金融发展的收入效应呈现一定的区域差异，其主要原因可能是：一方面，当农村金融市场中存在信息不对称问题时，如果区域经济发展水平越高，则农村金融机构在"混合均衡"策略下的授信度就越高，农户面临的融资约束就越小；另一方面，经济发达地区的资金来源相对丰富，农村资金外流程度相对较弱，而农村资金外流程度的区域差异可能导致资金配置的区域差异，并最终影响农民收入增长的区域差异。

上述结论的政策含义是：第一，应该进一步推动农村金融服务体系的改革与完善，优化农业信贷资金支农的配置结构，促进农业信贷资金到农业投资的高效转化，从而建立农业信贷资金与农民收入之间的有效互动机制；第二，中国农村金融改革要充分考虑到农村经济发展的不平衡性和区域差异性，坚持区别对待的原则，不搞"一刀切"，要结合各地区的实际情况，因地制宜地采取适合"三农"发展的改革模式；第三，我国各地区在制定相关农村金融政策时，要综合考虑相邻地区农村金融发展与农民收入增长水平，充分发挥区域间农村金融政策的协同效应。

第六章　结论与对策建议

第一节　基本结论

　　本书从区域差异的视角出发，构建了一个基本的理论分析框架，在农户信用和农村金融支持之间建立起作用于农民收入增长的内在联系机制；然后在对农村金融发展、农民收入及其融资状况进行描述的基础上，利用省级面板数据，实证检验了农村金融发展对农民收入增长的影响效应。研究所得的基本结论如下：

一、农民收入增长和构成呈现出来的特征表明，农民收入问题的性质已经发生了根本性改变

　　农民收入是农村经济发展水平和市场化程度的综合反映。改革开放以来，随着计划经济体制向市场经济体制的转变，中国农业生产和农民生活的市场化、货币化水平大幅提高，农民获取收入的来源和途径日渐增多，导致农民收入的增长及构成出现了一些新的特征。一是农民收入增长呈现出明显的波动性和阶段性；二是农民收入来源趋于多元化，家庭经营纯收入是农民最主要的收入来源，但是其所占的比重表现出递减的趋势，相反，工资性收入所占的比重越来越高；三是农民收入增长的贡献结构发生了本质性改变，农民收入增长逐渐由过去主要依靠家庭经营纯收入增长转变为越来越依靠工资性收入增长；四是在收入形态结构方面，现金收入在农民收入中所占的比重不断上升，表明了农村经济市场化程度的提高；五是城乡收入差距仍然在扩大，不论在收入总量上还是在收入增长率上，农村居民均远远落后于城镇居民；

六是农民收入增长和城乡收入差距具有显著的地区不平衡性。

农民收入增长和构成等方面呈现出来的特征表明：随着市场经济日益渗透到农村经济生活，以农村传统家庭经营为主的生产方式效率逐渐下降，农民收入问题的性质已经发生了根本性改变。农民收入问题已经不再是农业生产问题，也不单纯是"三农"问题，而是不断完善农村市场经济体制、转变农村生产方式、加快工业化建设和打破城乡分割体制的综合性课题，其中牵涉到许多纷繁复杂的问题。只有从根本上解决这些问题，才能真正建立起促进农民收入持续稳定增长的有效机制。因此，从这个意义上讲，通过农村金融发展为完善农村市场经济体制、促进农业生产方式转变和打破城乡分割体制作出贡献，是农村金融支持农民收入增长的关键所在。

二、农村金融中介的储蓄运用功能发挥不佳，农村正规金融体系的金融中介功能在很大程度上被非正规金融所取代

金融功能观认为，金融功能要比金融机构更加稳定，金融发展促进经济增长的效率最终体现在金融中介功能的发挥上。Levine（1996）把金融中介功能具体分为获取相关投资与资源配置信息、便利风险管理、监督管理者与公司控制、动员和运用储蓄、便利经济交易五个方面，其中动员和储蓄运用是最基本和最重要的功能。由于农村的投资渠道过于单一、农民具有勤俭节约的习惯以及国家信誉对存款安全性的担保作用，我国农村金融体系在农村储蓄动员上极其成功（姚耀军，2006）。但就推动农村经济和农业发展来说，应该更加注重金融中介的储蓄运用功能。

通过相关指标（农业贷款余额与农业增加值的比率、乡镇企业贷款余额与乡镇企业增加值的比率以及农村居民银行信用社贷款与纯收入的比率、银行信用社贷款与总借款的比率）的比较分析，我们发现，农村金融中介功能在农业上的发挥呈现强化趋势，而在农村工业上的发挥却呈现弱化趋势；对农村居民而言，金融中介的储蓄运用功能非常微弱，农村正规金融体系的金融中介功能在很大程度上被非正规金融所替代。其主要原因部分可能是农村金融体系的金融供给并非以农民的融资需求为导向，部分可能是农村金融机

构的覆盖面较小。因此，必须进一步改革与创新农村金融体系，并且制定相关的政策和措施保证农民增收机制的建立，只有这样才能充分发挥农村金融对农民收入增长的支持作用。

三、农村金融市场中农户普遍面临着融资难问题，农村金融体系不完善是农户融资难的主要原因

通过对农村金融市场中农户融资状况的考察，我们发现农户的融资需求具有以下基本特征：一是从借款用途来看，生产性借款所占的比重仍然要低于生活性借款所占的比重，可见农户融资主要是为了满足生活性需要；二是从贷款来源来看，非正规借贷所占的比重超过了正规贷款所占的比重，成为农户借款资金的主要来源；三是从贷款额度与期限来看，农户融资需求表现出多层次性，农户贷款具有额度小和期限短的特点。

进一步地，我们的问卷调查显示：在农村金融市场中农户普遍面临着融资难问题；而农村金融体系不完善是农户融资难的主要原因。调查问卷将农户无法申请到贷款的原因划分为六大类：可供选择金融机构少、抵押担保难、服务网点少且远、手续烦琐、资信状况不合要求、其他。在问卷调查中，选择"手续烦琐"的农户数为 499 个，所占比重为 51.93%；选择"抵押担保难"的农户数为 237 个，所占比重为 24.66%；选择"可供选择金融机构少"的农户数为 116 个、所占比重为 12.07%。由此可见，"手续烦琐""抵押担保难""可供选择金融机构少"是农户融资难的最主要原因。而这些原因在根本上都可以归结为农村金融体系不完善，进而说明改革与创新现有农村金融体系对于改善农户的融资状况具有重要的现实意义。

四、基于中国省级面板数据的实证研究表明，农村金融发展对农民收入增长具有重要的影响，并且这种效应表现出一定的区域差异

首先，利用中国 23 个省级地区 1989—2009 年的面板数据，将虚拟变量引

入模型中，采用固定效应估计方法，对农村金融发展的收入效应进行了实证分析，研究结论为：（1）农村金融发展的收入效应存在显著的地区差异。在东部地区和中部地区，农村金融发展对农民收入具有显著的正面影响，并且东部地区的效应大于中部地区；而在西部地区，农村金融发展对农民收入具有显著的负面影响。从东部地区到中部地区再到西部地区，农村金融发展的收入效应呈递减状态，其地区差异较大。（2）东部地区和中部地区农村金融发展的收入效应存在显著的时间差异，而这种差异在西部地区并不存在。在1988—1998年和1999—2008年这两个时期内，东部地区和中部地区农村金融发展对农民收入的正面影响进一步增强。（3）人力资本、财政支持、就业结构、产业结构和投资水平对农民收入的提高有显著的正面影响。提高农民的受教育程度、加大财政支农的力度、增加农村的固定资产投资，能够有效地提高农民的收入水平。

其次，利用中国29个省级地区1993—2009年的面板数据，基于面板协整和误差修正模型，分析了中国农村金融发展与农民收入之间的长期均衡关系与短期调整过程，研究结论为：（1）对面板协整的分析表明，农村金融发展与农民家庭经营纯收入、农村金融发展与农民工资性收入之间存在长期稳定关系。从长期来看，全国农业信贷每增加1个百分点，农民家庭经营纯收入会增加0.1757个百分点，而农民工资性收入会增加0.8543个百分点。可见，全国农业信贷对农民家庭经营纯收入的拉动作用较小，而对农民工资性收入的拉动作用较大。分地区来看，农村金融发展对农民家庭经营纯收入的长期正效应不存在显著的区域差异；而各地区农业信贷对农民工资性收入的长期正效应却不尽相同，东部地区的效应明显大于中西部地区。（2）对面板误差修正模型的分析表明，农村金融发展与农民家庭经营纯收入、农村金融发展与农民工资性收入之间的长期稳定（协整）关系，分别对短期农民家庭经营纯收入和工资性收入的增长具有抑制效应。并且，不同地区的短期调节效应具有不同特征，东部地区的调节效应明显弱于中西部地区。同时，农村金融发展与农民家庭经营纯收入的协整关系对农业信贷的短期刺激效应不显著；而农村金融发展与农民工资性收入的协整关系对农业信贷具有短期促进作用，且中西部地区对农业信贷资金增加的刺激效应较大，而东部地区不存在该效应。

最后，利用中国 29 个省级地区 1990—2018 年的面板数据，基于空间滞后模型和空间误差模型，分析了农村金融发展对农民收入增长的空间溢出效应，研究结论为：（1）我国农村金融发展对农民收入增长具有显著的正面影响，同时具有显著的时间差异和区域差异，该结论与本章第一节的结论基本保持一致。（2）分时间段和分区域的检验结果表明，我国农民收入增长具有显著的正向空间溢出效应；在 1990—1999 年、2000—2009 年、2010—2018 年三个时间段，这种正向空间溢出效应依次递增；在东部、中部、西部三个地区，这种正向空间溢出效应依次递减。（3）我国农民收入增长除了受到农村金融发展、人力资本、财政支持和投资水平影响之外，还会受到相邻地区产业结构、农机投入、就业结构或经济发展水平等其他不可观测因素的正向影响，这种正向影响效应随着时间的推移、从东部地区到中部地区再到西部地区会逐渐增强。

农村金融发展的收入效应呈现一定的区域差异，其主要原因可能是：一方面，当农村金融市场中存在信息不对称问题时，如果区域经济发展水平越高，则农村金融机构在"混合均衡"策略下的授信度就越高，农户面临的融资约束就越小；另一方面，经济发达地区的资金来源相对丰富，农村资金外流程度相对较弱，而农村资金外流程度的区域差异可能导致资金配置的区域差异，并最终影响农民收入增长的区域差异。

第二节　对策建议

就中国当前金融经济环境而言，农村金融发展对农民收入增长的作用是不容忽视的。在实施乡村振兴战略的背景下，本书的政策含义是：农村金融应该更多为"三农"服务，促进农民收入的提高。为了充分发挥农村金融对农民收入增长的支持作用，需要相应的政策与措施来加以配合。

一、优化农村金融体系的未来布局

我国农村金融市场的需求主体主要有农户和农村企业。根据农户的经济条件与生产状况，我国农户可以大体分为三种类型：贫困农户、一般农户和市场化农户。这三种类型的农户由于具有不同的资本存量、生产方式以及生产能力，形成了不同层次的金融需求和融资方式。农村企业主要包括中小企业和龙头企业。相应地，我国当前农村金融市场的基本格局也可以分为三个层次：一是以贫困农户和一般农户为代表的低端市场，该领域只有少数具有扶贫性质的互助社（商业性金融机构一般不会主动涉足）；二是以市场化农户和农村中小企业为代表的中端市场，村镇银行、（小额）贷款公司等新型农村金融机构及改制后的邮政储蓄银行主要集中在该领域，同时与农村信用社共同竞争市场中的存量优质客户（资信水平较高的市场化农户）；三是以龙头企业（农业产业化优势企业）为代表的高端市场，该领域主要被大型商业银行及中国农业发展银行占领。

但是，在大部分农村金融机构不愿意涉足的低端市场，少数具有扶贫性质的互助社实际上难以满足贫困农户和一般农户的金融需求，一些没有金融机构网点的边远山区则成了"被金融遗忘的角落"；在新型农村金融机构、邮政储蓄银行及农村信用社主导的中端市场，对存量优质客户的信贷会出现一定程度的竞争，而对一般农户的信贷供给却相对不足；在大型商业银行和中国农业发展银行主导的高端市场，只有少数龙头企业符合大型金融机构的信贷要求，高端的农村金融市场依然需要进一步拓展。

依据上述基本格局，我国农村金融体系未来的布局或发展趋势应该沿着以下三个方向及路径进行优化：第一，农村资金互助社作为低端市场的主力，应该在政府扶持下努力发展成为具有综合性扶贫功能的金融机构，同时，随着低端市场信贷专用技术的日益成熟，村镇银行、（小额）贷款公司等新型农村金融机构以及农村信用社有望把业务范围拓展到低端市场，从而更好地服务"三农"，解决贫困农户和一般农户的融资难问题；第二，随着新型农村金融机构的发展及农村信用社改革的深入，中端市场中对资信较好的市场化农户的过度竞争应该逐步转化为提供差异化金融产品与服务的有序竞争；第三，大型商业银行和政策性银行在主导高端市场的同时，还应该主动开拓低端市场，也就是说，商业银行应该创新金融产品与服务，在向农业产业化优势企业提供金融支持的同时，沿着产业链向下拓展，为市场化农户和中小企业提供金融支持，解决其资金不足问题。

二、推动土地金融制度改革

目前我国平均分配的农村土地制度，在维持农村社会表面稳定的同时，与小农经济互相加强，既抑制了农村资金的有效需求，又抑制了市场化资金供给的切入点与可持续性（姚勇，2007）。一方面，我国现行的农村土地制度牺牲了土地的有效配置，导致生产效率较高的农户不能体现经营优势，从而抑制了农村资金需求；另一方面，我国现行的农村土地制度无法实现农村土地经营的规模经济效应，同时，农村土地使用权限制流转抵押，导致农村金融机构离农倾向十分明显，从而抑制了农村资金的供给。在我国现行农村土地制度与小农经济严重抑制了农村资金需求与供给的情况下，无论是采取"供给先行"还是"需求导向"的农村金融战略，农村土地制度变革都具有十分重要的意义。鉴于此，我们认为，应该积极推动有利于农村资金形成的土地金融制度改革。

一是因地制宜地开展农村土地资本化的实践。农村土地资本化是指我国农村土地所有权或使用权的资本化[①]，主要形式包括：（1）土地租赁，即在保留集体土地所有权或承包经营权的前提下，农村土地的所有者或承包者把农村土地使用权转让给他人，从中获得一定的经济收益；（2）土地信托，即农村土地的所有者或承包者把土地使用权或经营权委托给受托人（基于对特定的人或服务机构的信任），由受托人经营、管理、处置并处理其收益；（3）土地使用权买卖；（4）土地股份合作制，即农户或集体经济组织以土地使用权入股，与其他农业投资者建立股份合作企业，形成股份合作经营关系，并按股份获得股息与红利；（5）土地使用权证券化，即将农村土地使用权可以得到的收益，作为抵押品或担保发行证券（土地债券或股票），这是不动产证券化的形式之一，也是土地资本化的高级形式。农村土地资本化不但有利于推动农村土地的大规模流转，而且有利于摆脱小农经济的束缚，从而培育

---

① 农村土地所有权或使用权之所以可以被资本化，是因为这种权利就像资本一样能够带来收益。

市场化的农村金融微观基础。鉴于农村土地资本化形态的不同及农村经济发展的区域差异，应该因地制宜地开展农村土地资本化的实践。其中，土地租赁和土地使用权买卖是各地区农村土地资本化的较好选择，也是使用最广的两种形式；土地信托在浙江省、河南省及湖南省率先进行实践，但是目前尚不规范，需要进一步完善；土地股份合作制则适合在农村经济较发达的地区推广（广东省和山东省已经有所发展）；而土地使用权证券化由于离不开发达的资本市场、复杂的操作程度以及高端的技术设备，因此目前在我国农村地区难以启动，只是今后农村土地资本化的一个发展趋势与方向。

二是努力探索农村土地承包经营权抵押贷款制度的试点。农村土地承包经营权抵押贷款，是指农户或企业以其所拥有的集体土地长期使用权或承包权作为抵押向金融机构申请贷款，这是一种间接融资方式。我国现阶段已经初步具备农村土地承包经营权抵押贷款试点的条件，主要表现在：（1）《物权法》规定农村土地承包经营权是物权，这为农村土地承包经营权作为抵押提供了法律基础；（2）土地流转速度的加快及流转规模的扩大为金融机构实现土地的抵押权创造了条件；（3）农村金融供给不足促进了农户对农村土地抵押融资的需求。但是，由于我国全面放开农村土地承包经营权抵押的条件仍然还不成熟，因此需要谨慎选择农村土地承包经营权抵押贷款的抵押主体（农户类型）及试点地区。从抵押主体来看，由于非农收入高低不但决定了土地对农民保障功能的不同，而且决定了农户融资目的的不同[①]，因此我国现阶段农村土地承包经营权抵押贷款制度的最佳抵押主体是非农收入及家庭收入水平较高的企业型农户。从试点地区来看，西部地区的农地主要是一种生活资料（为农民提供基本的生活保障），农村土地承包经营权不能作为真正意义上的可交易财产；而东部地区的农地则主要是一种生产资料，具有较高层次的经济功能（财产功能、资本功能、融资功能），其农村土地的交易市场较发达，因此我国农村土地承包经营权抵押贷款制度的最佳试点地区是经济较发达的东部地区。

[①] 非农收入高一般意味着家庭收入也较高，因此农户融资主要是为了满足非农业生产性用途，那么其土地抵押贷款的收益也较高，金融机构所承担的风险则相对较小。

三、完善农村抵押担保体系

缺乏相应的可抵押物是导致农户融资难的主要原因之一。据统计，当前我国农村有将近一半的财产都不能流通与抵押。而有效的抵押担保组织及形式，能够在改善农村信用环境的基础上，促进信贷资金向农村流动。因此要解决农村贷款难问题，应该尽快建立和完善农村抵押担保体系。可以考虑从以下几个方面着手：第一，鼓励支农信贷担保组织的发展，有条件的农村地区可以设立涉农担保基金或担保公司的试点，并依照"政府支持、部门协助、市场运作"的模式，规范担保机构的管理运行机制，加强农村金融机构与担保机构之间的合作，合理增加贷款的发放额度；第二，创新抵押担保形式，除了传统的保证担保及不动产担保外，还应该根据实际情况积极探索动产抵押、权益质押以及仓单质押等多种担保方式，例如，可以尝试鱼塘抵押、山林承包权抵押、海域使用权抵押、土地经营权等抵押贷款方式；第三，大力推行"农户联保"制度，根据"多户联保、总额控制、按期还款"的基本原则，确定农户联保小组的贷款额度及贷款期限；第四，探索市场化路子，吸引民间资本及外资进入融资性担保领域；第五，发展以价值评估、法律咨询等服务为主的市场中介，降低交易成本，同时借助政府的支持，建立统一的抵押登记机构。

四、构建多层次农业保险体系

缺乏完善的农业保险体系是导致我国农民担保难、贷款难的另一个重要原因。农业保险在一定程度上可以替代信贷抵押品，扩大农业信贷市场。农业的高风险性造成了农业信贷高不良率、低信贷份额并存的局面。农业保险具有分散和转移农业风险的作用，既能够稳定农民的收入水平，又能够增强农村金融机构对农业信贷的偏好。因此，农业保险不但能够起到收入稳定器的作用，而且可以通过自身催化功能的发挥，配合农村金融机构服务"三农"。为了加强我国农业承受风险的能力、改变农业保险严重空缺的不合理状况，从而稳定农民的收入水平，应该大力推进多层次农业保险体系的构建：一是努力探索适应新农村建设需要的农业保险体系，构建商业性保险与政策性保险相结合的机制，对开展农业保险业务的商业性保险公司给予鼓励，对政策性农业保险给予必要的倾斜；二是加强涉农信贷机构与涉农保险机构之间的合作，充分发挥银保支持"三农"的功能作用；三是借鉴美国的风险转移基金、发展基金及商业基金的运作模式，发展我国的农业风险基金，在减轻政府负担的同时，稳定农业保险体系的运转；四是开发多样化的农业保险产品，根据农业生产及销售的特点，提供适合"三农"发展需要的保障型产品、投资型产品及衍生型产品与服务。

五、实行区域差异化的农村金融货币政策

中国农村金融发展水平及其收入效应的区域差异，要求我国应该实行区别对待的金融政策与货币政策，以统筹区域农村金融与经济的协调发展，从而有效发挥农村金融对农民收入的改善功能。具体而言，可以根据各地区的实际情况，实行区域差别化的货币政策、金融监管政策以及向中西部地区倾斜的政策性金融政策。

第一，实行区域差别化的货币政策。（1）实行有差别的存款准备金率。中国人民银行要求所有地区都保持统一的存款准备金率，实质上没有考虑到经济落后地区货币乘数较低的情况，导致经济落后地区的货币供给受到抑制，其支持经济发展的资金远远小于经济发达的地区。因此，在综合考虑金融体系稳定、银行稳健及存款人利益受保护的基础上，西部地区金融机构的存款准备金率可以适当低于东部地区及中部地区，通过货币乘数的放大增加西部地区的信贷总量，进而调节货币量，解决落后地区"三农"发展所需要的资金问题。（2）实行有差别的再贴现政策。可以通过再贴现利率的调整对不同区域采取不同的再贴现政策，从而影响市场利率及货币的供给与需求。当经济欠发达地区的再贴现率低于市场利率时，该地区农村金融机构就可以通过贴现获得贷款，从而增加可利用的资金、扩大信贷活动。因此，可以考虑向中西部地区倾斜再贷款政策和再贴现政策，缩小农村金融发展的区域差异。

第二，实行区域差别化的金融监管政策。当前我国各区域采用统一的金融监管，但实际上具体的监管方式、监管措施及监管程度均是根据东部地区的金融发展状况来确定的。全国统一的金融监管模式实质上并不符合中西部地区经济与金融的发展需求。因此，应该考虑采用差别化的金融监管政策及手段：一是在统一的资本充足率基础上，适当降低中西部地区设置区域性金融机构的准入门槛；二是对各地区金融机构高级管理人员的任职资格实行弹性管理。

第三，实行向中西部地区倾斜的政策性金融政策。在现阶段中西部地区的开发中，政策性金融具有至关重要的作用。我国应该加大政策性金融对落后地区经济发展的支持力度，充分发挥政策性金融机构的区域协调能力，通过完善的政策性金融服务来弥补中西部地区金融供给的不足。

最后，需要指出的是，区域差异化的政策工具虽然可以缩小农村金融发展的区域差异，但是在实际操作过程中，使用单一的政策工具并不一定能够实现区域农村金融协调发展的目标。因此，应该根据各地区农村的实际情况，综合采取有利于农村资金配置、可以发挥各区域比较优势的政策工具组合。

参考文献

［1］白钦先．金融可持续发展研究导论［M］．北京：中国金融出版社，2001.

［2］陈雨露，马勇．中国农村金融论纲［M］．北京：中国金融出版社，2010.

［3］何广文．合作金融发展模式及运行机制研究［M］．北京：中国金融出版社，2001.

［4］黎翠梅．中国农村资金供给的区域差异［M］．北京：经济科学出版社，2010.

［5］钱水土，姚耀军．中国农村金融服务体系创新研究［M］．北京：中国经济出版社，2010.

［6］王永龙．中国农业转型发展的金融支持研究［M］．北京：中国农业出版社，2004.

［7］伍德里奇．计量经济学导论（第三版）下册［M］．北京：中国人民大学出版社，2009.

［8］易丹辉．数据分析与 EViews 应用［M］．北京：中国人民大学出版社，2003.

［9］张杰．中国农村金融制度：结构变迁与政策［M］．北京：中国人民大学出版社，2003.

［10］周立．中国各地区金融发展与经济增长（1978—2000）［M］．北京：清华大学出版社，2004.

［11］周立．中国农村金融：市场体系与实践调查［M］．北京：中国农业科学技术出版社，2010.

［12］成学真，李萍．金融发展与城乡收入差距的实证研究［J］．统计与决策，2011（3）.

［13］范从来，张中锦．分项收入不平等效应与收入结构的优化［J］．金融研究，2011（1）.

［14］郭为．农民的收入增长转型与农村金融发展：基于分省面板数据的实证研究［J］．商业研究，2007（3）.

［15］韩廷春．金融发展与经济增长的内生机制［J］．产业经济评论，2002（1）.

［16］何广文. 中国农村金融供求特征及均衡供给的路径选择［J］. 中国农村经济，2001（10）.

［17］胡宗义，刘亦文. 金融非均衡发展与城乡收入差距的库兹涅茨效应研究［J］. 统计研究，2010（5）.

［18］黄祖辉，王敏，万广华. 我国居民收入不平等问题：基于转移性收入角度的分析［J］. 管理世界，2003（3）.

［19］黄祖辉，等. 农村居民收入差距问题研究［J］. 管理世界，2005（3）.

［20］姜长云. 乡镇企业资金来源与融资结构的动态变化：分析与思考［J］. 经济研究，2000（2）.

［21］孔晗，陈志刚. 金融发展与城乡收入差距关系研究［J］. 金融理论与实践，2010（7）.

［22］李萍，张道宏. 金融发展与地区经济差距［J］. 统计研究，2004（12）.

［23］李勇，孙晓霞，等. 关于完善农村金融制度加大对三农金融支持若干问题的思考［J］. 金融研究，2005（11）.

［24］林毅夫，蔡昉，李周. 中国经济转型时期的地区收入差距分析［J］. 经济研究，1998（6）.

［25］刘福毅. 从金融抑制到政策导向型金融深化：农民增收的金融支持研究［J］. 金融研究，2004（12）.

［26］刘民权，徐忠，等. 农村信用社市场化改革探索［J］. 金融研究，2009（4）.

［27］娄永跃. 农村金融发展与农民收入增长问题研究［J］. 金融理论与实践，2010（5）.

［28］罗发友，王建成. 农业经济增长及其影响因素的相关分析［J］. 系统工程，2001（6）.

［29］钱水土，许嘉扬. 中国农村金融的收入效应——基于省级面板数据的实证分析［J］. 经济理论与经济管理，2011（3）.

［30］史晋川，叶敏. 制度扭曲环境中的金融安排：温州案例［J］. 经济理论与经济管理，2001（1）.

［31］孙永强，万玉琳. 金融发展、对外开放与城乡居民收入差距：基于1978—2008年省际面板数据的实证分析［J］. 金融研究，2011（1）.

［32］王广谦. 中国金融发展中的结构问题分析［J］. 金融研究，2002（5）.

［33］王虎，范从来. 金融发展与农民收入影响机制的研究［J］. 经济科学，2006

(6)．

[34] 王少平，欧阳志刚．我国城乡收入差距的度量及其对经济增长的效应［J］．经济研究，2007（10）．

[35] 王毅．用金融存量指标对中国金融深化进程的衡量［J］．金融研究，2002（1）．

[36] 王征，鲁钊阳．农村金融发展与城乡收入差距［J］．财贸经济，2011（7）．

[37] 王志强，孙刚．中国金融发展、结构、效率与经济增长关系的经验分析［J］．管理世界，2003（7）．

[38] 温涛，冉光和，熊德平．中国金融发展与农民收入增长［J］．经济研究，2005（9）．

[39] 温涛，王煜宇．政府主导的农业信贷、财政支农模式的经济效应——基于中国1952—2002年的经验验证［J］．中国农村经济，2005（10）．

[40] 武志．金融发展与经济增长：来自中国的经验分析［J］．金融研究，2010（5）．

[41] 谢平．中国农村金融体制改革的争论［J］．金融研究，2001（1）．

[42] 许崇正，高希武．农村金融对增加农民收入支持状况的实证研究［J］．金融研究，2005（9）．

[43] 许崇正．论增加农民收入的对策［J］．农业经济问题，2003（6）．

[44] 薛薇，谢家智．农村金融中介发展与城乡居民收入差距的关系：基于中国1978—2008年的经验验证［J］．金融理论与实践，2010（9）．

[45] 杨小玲．农村金融发展与农民收入的实证研究［J］．经济问题探索，2009（12）．

[46] 杨子晖，温雪莲，陈浪南．政府消费与私人消费关系研究：基于面板单位根检验及面板协整分析［J］．世界经济，2009（11）．

[47] 姚耀军．金融发展与城乡收入差距关系的经验分析［J］．财经研究，2005（2）．

[48] 姚耀军．中国农村金融发展水平及金融结构分析［J］．中国软科学，2004（11）．

[49] 姚耀军．中国农村金融发展状况分析［J］．农业经济导刊，2006（7）．

[50] 张杰．解读中国农贷制度［J］．金融研究，2004（2）．

[51] 张劲松，赵耀．农村金融困境的解析：信贷合约的角度［J］．管理世界，2010（2）．

[52] 章奇，刘明兴，陶然，Vincent，Yiu Por Chen．中国的金融中介增长与城乡收入差距［J］．中国金融学，2003（11）．

［53］中国人民银行武汉分行课题组．关于金融支持湖北农民增收问题的调查与思考［J］．金融研究，2005（7）．

［54］周立，王子明．中国各地区金融发展与经济增长实证分析：1978—2000［J］．金融研究，2002（10）．

［55］周小斌，李秉龙．中国农业信贷对农业产出绩效的实证分析［J］．中国农村经济，2003（6）．

［56］周小川．关于农村金融改革的几点思路［J］．新华文摘，2004（21）．

［57］朱守银．中国农村金融市场供给和需求：以传统农区为例［J］．管理世界，2003（3）．

［58］朱喜，李子奈．改革以来我国农村信贷的效率分析［J］．管理世界，2006（7）．

［59］余新平，熊皛白，熊德平．中国农村金融发展与农民收入增长［J］．中国农村经济，2010（6）．

［60］杜江，张伟科，范锦玲．农村金融发展对农民收入影响的双重特征分析——基于面板门槛模型和空间计量模型的实证研究［J］．华中农业大学学报（社会科学版），2017（6）．

［61］张宇青，周应恒，易中懿．农村金融发展、农业经济增长与农民增收——基于空间计量模型的实证分析［J］．农业技术经济，2013（11）．

［62］张兵，翁辰．农村金融发展的减贫效应——空间溢出和门槛特征［J］．农业技术经济，2015（9）．

［63］白钦先．以金融资源论为基础的金融可持续发展理论［N］．金融时报，2000 - 01 - 22．

［64］李实．库兹涅茨曲线不能解释的中国收入差距［N］．文汇报，2011 - 05 - 30．

［65］林毅夫．金融改革与农村经济发展［C］．北京大学中国经济中心讨论稿，2003，No. C2003026．

［66］卢立香．中国金融发展对农民收入增长的理论与实证研究［D］．济南：山东大学，2009．

［67］姚耀军．转型中我国农村金融发展研究［D］．杭州：浙江大学，2005．

［68］张立军．金融发展影响城乡收入差距的实证研究［D］．上海：复旦大学，2007．

［69］马洪，孙尚清．经济与管理大辞典［M］．北京：中国社会科学出版社，1985．

［70］李涛，张鹏．农地产权、要素配置与农户收入增长［J］．经济问题探索，2020

（12）.

［71］钱水土. 中国农村金融体制三十年改革的回顾与评价 ［J］. 浙江工商大学学报，2009（02）.

［72］姚勇. 土地制度、小农经济与农村金融发展 ［J］. 西南金融，2007（08）.

［73］张颖慧. 中国农村金融发展与经济增长关系的实证分析 ［J］. 哈尔滨工业大学学报（社会科学版），2007（04）.

［74］尹希果，陈刚，程世骑. 中国金融发展与城乡收入差距关系的再检验——基于面板单位根和 VAR 模型的估计 ［J］. 当代经济科学，2007（01）.

［75］张晓山，崔红志. "三农"问题根在扭曲的国民收入分配格局 ［J］. 中国改革，2001（08）.

［76］许经勇，任柏强，黄焕文. 我国农民收入增幅下降的阶段性结构性原因 ［J］. 广东社会科学，2001（01）.

［77］谈儒勇. 中国金融发展和经济增长关系的实证研究 ［J］. 经济研究，1999（10）.

［78］张杰. 改革中的中国金融组织空间结构分析 ［J］. 当代经济科学，1996（05）.

［79］Goldsmith, Raymond W. Financial Structure and Development ［M］. New Haven：Yale University Press，1969.

［80］Ronald I. McKinnon. Money and Capital in Economic Development ［M］. Washington D. C. ：Brookings Institution，1973.

［81］Banerjee, A. V., Newman A. F. Occupational Choice and the Process of Development ［J］. Journal of Political Economy，1993（101）.

［82］Besley, T., Coate, S. Group Lending, Repayment Incentives and Social Collateral ［J］. Journal of Development Economics，1995（46）.

［83］Binswanger, H. P. and Khandker, S. R. The Impact of Formal Finance on the Rural Economy of India ［J］. Journal of Development Studies，1995（32）.

［84］Breitung, L. The local power of some unit root tests for panel data ［J］. Advances in Econometrics，2000（15）.

［85］Choi, I. Unit Root Tests for Panel Data ［J］. Journal of International Money and Finance，2001（20）.

［86］Galor, O., Zeira J. Income Distribution and Macroeconomics ［J］. Review of Economic Studies，1993（60）.

[87] Greenwood J. , Jovanovic B. Financial Development, Growth, and the Distribution of Income [J]. Journal of Political Economy, 1990 (98).

[88] Gurley, J. G. , Shaw, E. S. Financial Aspects of Economic Development [J]. American Economic Review, 1995 (45).

[89] Hadri, K. Testing for Stationarity in Heterogeneous Panel Data [J]. Econometrics Journal, 2000 (3).

[90] Im, K. S. , Pesaran, M. H. and Shin, Y. Testing for unit roots in Heterogenous Panels [J]. Journal of Econometrics, 2003 (15).

[91] Kao, C. , and Chiang, M. H. On the estimation and inference of a cointegrated regression in panel data [J]. Advances in Econometrics, 2000 (15).

[92] Kao, C. Spurious regressions and residual – based tests for cointegration in panel data [J]. Journal of Econometrics, 1999 (90).

[93] Khandker, S. R. and Faruqee, R. R. The Impact of Farm Credit in Pakistan [J]. Agricultural Economics, 2003 (28).

[94] Levin, A. , Lin, C. F. and Chu, C. J. Unit Root Tests in Panel Data: Asymptotic and Finite – Sample Properties [J]. Journal of Econometrics, 2002 (108).

[95] Maddala, G. S. and Wu, S. A. comparative study of unit root tests with panel data and a new simple test [J]. Oxford Bulletin of Economics and Statistics, 1999 (61).

[96] Matsuyama K. Endogenous Inequality [J]. Review of Economic Studies, 2000 (67).

[97] McCoskey, S. , Kao, C. Residual – based test of the null of cointegration in panel data [J]. Econometric Reviews, 1998 (17).

[98] Pedroni, P. Critical values for cointegration tests in heterogeneous panels with multiple regressors [J]. Oxford bulletin of economics and statistics, 1999 (61).

[99] Pedroni, P. Fully Modified OLS for Heterogeneous Cointegrated Panels [J]. Advances in Econometrics, 2000 (15).

[100] Pedroni, P. Panel Cointegration: Asymptotic and Finite Sample Properties of Pooled Time Series Tests with an Application to the PPP Hypothesis [J]. Econometric Theory, 2004 (20).

[101] Pedroni, P. Purchasing Power Parity Tests in Cointegrated Panels [J]. Review of Economics and Statistics, 2001 (83).

[102] Phillips, P. C. B. , Hansen, B. E. Statistical Inference in Instrumental Variables

Regression with I (1) Processes [J]. Review of Economic Studies, 1990 (57).

[103] Robert King, Ross Levine. Finance and Growth: Schumpeter Might Be Right [J]. Quarterly Journal of Economics, 1993 (108).

[104] Stiglitz, J. E.. Peer Monitoring and Credit Markets [J]. World Bank Economic Review, 1990 (4).

[105] Stiglitz, J. E., Andrew W. Credit Rationing with Collateral [J]. Communications Research Economics Discussion Paper, 1985 (12).

[106] Stock, J. H., Watson, M.. W. A simple Estimator of Cointegrating Vectors in Higher Order Integrated Systems [J]. Econometrica, 1993 (61).

[107] Townsend R. M., Ueda K. Financial Deepening, Inequality, and Growth: A Model – Based Quantitative Evaluation [J]. Review of Economic Studies, 2001 (73).

[108] Clarke, G., Xu, L. C., Zou, H. F. Finance and Income Inequality: Test of Alternative Theories [C]. World Bank Policy Research Working Paper, 2003.

[109] Shankha C., Ray, T. The Development and Structure of Financial Systems [R]. Working Paper, 2003.